あたりまえでいい

ぐうたら和尚の〝日々これ好日〟

元曹洞宗管長
御誕生寺住職
板橋興宗

佼成出版社

あたりまえでいい

――ぐうたら和尚の〝日々これ好日〟――

海軍兵学校に入学（昭和19年）

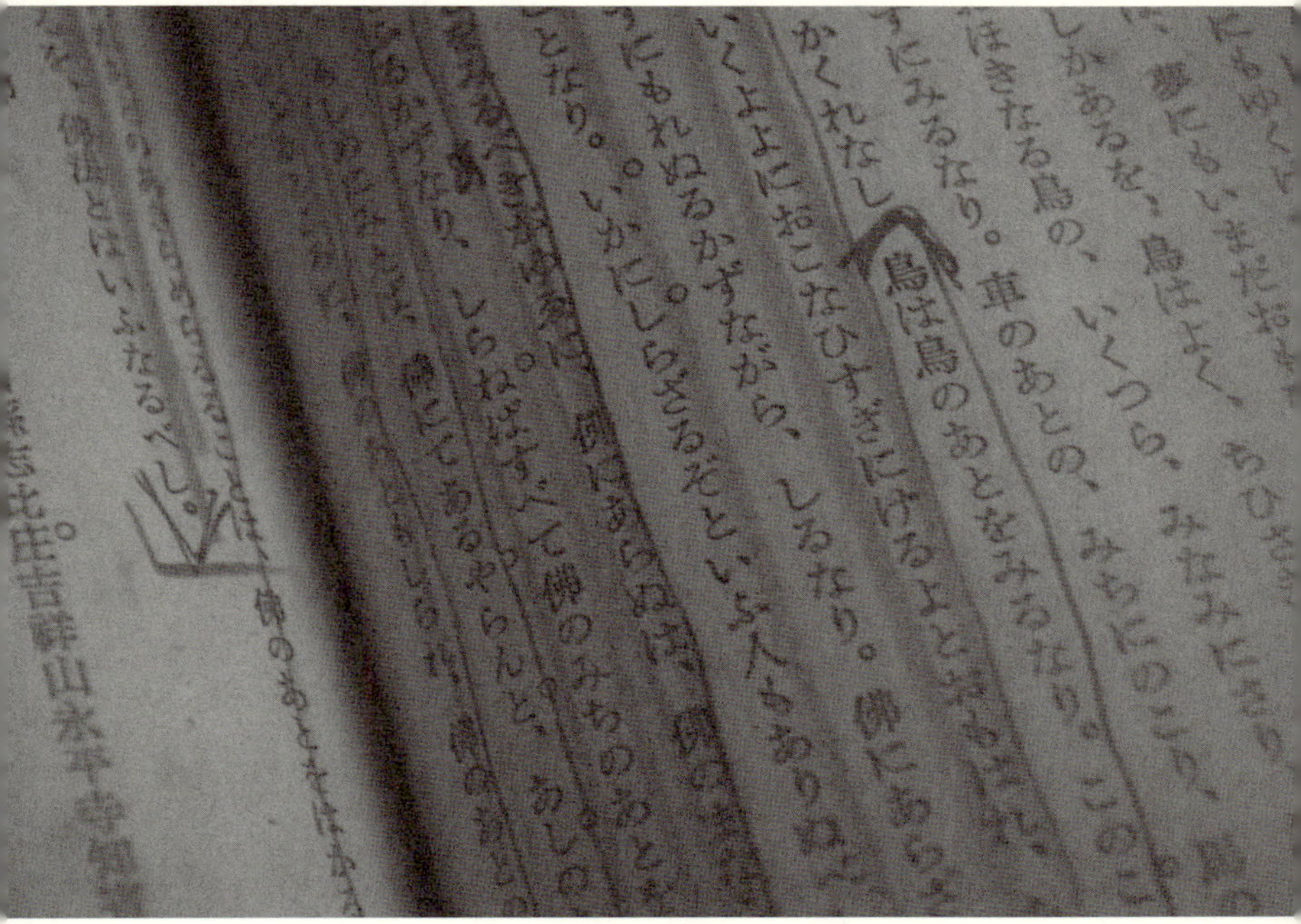

卒論「正法眼蔵の参究」で使用した岩波文庫版『正法眼蔵』

法戦式を終えて。左が母きよ。右が東隆眞師（昭和29年5月17日）

師にならう。住職自ら作務。大乗寺時代

道場の門は、いつでも開けておく

若き修行僧。渋柿も、いつかは熟す

まっすぐ背筋の伸びた〝仏〟が三十。プラスワン

のどかな光が坐禅堂に差し込んでくる

「あたりまえ」の日暮らし ――まえがきにかえて――

自伝的な本を書いてみませんか、と出版社からお誘いを受けたのは四年前の秋のことでした。

私は昭和二年（一九二七年）の生まれですから、現在は数《かぞ》え歳《どし》八十九歳です。平凡な一生ですが、このへんで自分の生涯をまとめてみるのもよいかと思い、記者に問われるままに雑談を交えつつ語ったことを、ひとまず原稿にしてもらいました。その原稿に手を加え、章をまるごと書き換えたり、削除したり、お伝えしたいことを書き足してまとめたのが、この本です。

基になった原稿をなるべく生かしながら手直ししたため、すでに出版した本との重複部分があったり、各節各章の連絡がうまくいっていないところがあります。その時その時の思いが臆面もなく記述されたりもしています。ただ、私の足跡がまとまったかたちで書かれていますので、通読していただけたらありがたく、また幸せに思います。

――今まで六十年、修行生活を続けてきましたが、その結論は、ひと言で言えばどういうことになるか。

それは、表題に掲げた「あたりまえ」です。

たしかに、大本山の住職である貫首の地位にも就任し、さらには曹洞宗管長という、あまり「あたりまえ」とは言いがたい立場にも就いて、いまさら「あたりまえ」でもないだろうと言われるかもしれません。どこかに野心もあったのでしょう。しかし、ここで言う「あたりまえ」は、そうした話ではありません。

大本山總持寺の貫首職を四年九カ月ほど務めて平成十四年（二〇〇二年）に退き、福井県越前市（当時は武生市）郊外の、大本山總持寺を開いた*瑩山紹瑾禅師《けいざんじょうきんぜんじ》生誕の地に「御《ご》誕生寺《たんじょうじ》」という檀家もない小さな寺を建てました。それから十三年がたちますが、坐禅の修行道場として、もっと充実させたいという希望をもっています。檀家のない寺なので経営基盤もしっかりさせなければなりません。課題は尽きませんが、その一方で、こんな「今の自分」に満《み》ち足《た》りています。

仏教に「少欲知足《しょうよくちそく》」という言葉があります。これは「これで足りていると自分に言い聞かせて納得する」ことではなく、「自分が、今ここに、息づいている。そのことに充足し、足りている」ことです。

昔に比べると、たしかに不満や不服はなくなりました。それが長年にわたる坐禅修行のたまものなのか、あるいはこんな歳になって肉体も頭脳も衰弱し、身体の自由も利《き》かなくなってきた当然のなりゆきなのでしょうか。そういう意味で歳をとり、肉体的・精神的に衰えることも「お悟り」の一つのかたちです。

欲も願いも、また寒さも老いも、私を吹き過ぎていく風です。その風に鳴る風鈴の「あたりまえ」のひびきのようなものです。

私がこの本でお話しするのは、そんな自分を振り返って見た、つまり「今の自分」が投影されている過去であるということです。

私は今、御誕生寺で修行僧三十人余、猫数十匹と共に暮らしています。私が敬愛する良寛さんの五合庵に比べれば、とてもにぎやかです。良寛さんの五合庵での暮らしはどうだったでしょうか。一人で寂しくはなかったでしょうか。ふと誰かと言葉を交わしたくなることはなかったでしょうか。さいわい私には一緒に修行する坐禅仲間がいます。心を和ませてくれる猫たちもいます。たった一人で自己を厳しく律しながら自由自在に生きた良寛さんには、とうてい及びません。憧れもさらに強くなります。

今、ここには、八十九歳になる坐禅の虫がいるだけです。風に吹かれるままにチリン、チリンと音を奏でる風鈴にすぎません。そんな風鈴ですが、彩り豊かな音色を響かせたいものです。どんな音色になるか、どうぞ気楽にこれからのページをめくっていただきたいと思います。

＊瑩山紹瑾禅師（一二六八～一三二五）。日本曹洞宗を開いた道元禅師、四世の法孫。宗門では道元禅師を「高祖《こうそ》」とし、その後の発展の基礎を築いた瑩山禅師を「太祖《たいそ》」と尊称する。大乗寺の第二代住職で、大本山總持寺を建立。著書に『伝光録』『坐禅用心記』『瑩山清規』など。

あたりまえでいい

——ぐうたら和尚の〝日々これ好日〟——

目次

第三章　道を求めて

第四章　騰騰《とうとう》として天真に任す

第五章　理想の道場をつくる

第六章　渋柿よ、木の上でゆっくり熟せ

第七章　新・普勧坐禅儀——頭をカラッポにする——

第八章 良寛さんのように、風そのものになる

ブックデザイン　鈴木正道（Suzuki Design）

第一章

「いのち」あり

病床で、いのちを思う

ガンの摘出手術を石川県内灘《うちなだ》の医科大学病院で受けたのは十一年前、七十七歳の時でした。平成十六年の正月早々のことです。前立腺ガンと判明したのは、それより数年前のことですが、外科的な処置は施さず、どうにか薬で抑えてきました。同じ前立腺を患っておられる天皇陛下が手術をなされたというので、それなら私もあやかって、やってもらおうという軽い気持ちで手術を受けました。

結局、二カ月近く入院しました。術後十日余りは痛みもあり、ベッドに寝かされたままでした。それでつくづく思ったのは、寝たきりのお年寄りや、病で起き上がることもままならない患者さんの大変さです。

身体が思いどおりにならないというのは、たしかに苦痛です。しかしその一方で、頭のほうは勝手に動きます。体の自由が利かないぶん、余計にいろんな思いが浮かびます。留守にしているお寺や修行僧たちのこと。このまま帰れなくなったら修行僧たちはどうなるのだろう、そんなことも心をよぎります。御誕生寺を創建してまもない時期だったので、なおさら心配になりました。

皮肉なことですが、なんとしても快復したいと願い、治療に専念すればするほど、病が怖いものになり苦しいものになります。病気そのものより「病気である」「病気を治したい」との思いが人を追いつめるのでしょう。とにかく病床に身を横たえていると、時間のゆとりがあるので、あれこれ考え込んでしまい、余計に苦しくなる。私たちの悩みや心配の大半は、そういう性格のもののようです。

医師や看護師さんがたのおかげで日ごとに回復し、手術後十日も過ぎる頃には起き上がれるようになりました。やさしくて親切な女性の看護師さんがたとも楽しく話ができて、少々長めの入院生活も悪いことでもない、と思うようになりました。そうだ、病床に寝ているうちにいろいろなことが頭に浮かぶが、これらの考えを一冊の本にしよう、と思い立ち、ペンを取り書きはじめたこともありました。

その頃、私は御誕生寺と、能登輪島にある大本山總持寺祖院の住職を兼ねていました。祖院はどのあたりだろう、と窓越しに能登半島によく目を凝《こ》らしたものでした。窓ガラスには、北陸の寒風が空気を切り裂くような鋭い音をたてながら雪を舞い上げ激しく打ち当たります。

その時、「いのち」とは何か、というような若い頃からの問題を考えたりします。

誰もが「いのちは大事だ」と言います。死ねば「一巻の終わり」であり、「いのちあっての物種《ものだね》」ですから、いのちが大事であることは明らかです。最近では、あまり耳にしなくなりましたが、「人のいのちは地球より重い」とも言われます。

しかしその大切な「いのち」が、どこにあるのか。うちの修行僧や参禅会に来られた人たちにも、「いのちって、どこにあると思いますか」と、ときどき尋ねてみます。医学的な死の判定基準となっているからでしょうか、心臓や脳を挙げる人もいます。「全身にある」と言う人もいて、結局うまい答えは見つかりません。

鐘と撞木《しゅもく》。音を出したのはどちらだ

いい、いのちとは何か。

禅宗に「釣り鐘と撞木《しゅもく》」という有名な公案があります。釣り鐘と、その鐘を打つ撞木がぶつかってゴ〜ンと鳴る、あの鐘の音を出すのは釣り鐘なのか、それとも撞木なのか。公案禅ではそんな難題を師家《しけ》から与えられ、修行僧は坐禅しながら考え込みます。

さて、どちらか——。

あたりに鳴り響く金属音は、明らかに釣り鐘の音のように聞こえます。いや、音とは空気の振動であり、その振動を引き起こしたのは撞木の一撃である。だから撞木が音を出したのだ。そんなふうに私たちは分析的に考えたりします。けれど、音を出したのは、釣り鐘そのものとは違います。撞木そのものでもありません。また、その両方でもない。なぜなら二つを並べておくだけでは、一向に鳴りません。

あのゴ～ンは衝突であり、釣り鐘と撞木の、まさに出合いそのものです。釣り鐘は金属、撞木は木材ですから、どちらにも生命と呼べるものはありません。しかしその二つが出合うことで、あたりに殷々《いんいん》と響きわたる「いのち」が生まれます。

同じように、窓の向こうで盛んに雪を巻き上げている寒風と、その光景を目に映している私の実感。いのちの実感です。

生物である私たちの体には、六十兆もの細胞があり、個々の細胞は生きています。しかし、それだけで「私」が生きていると言えるでしょうか。私に「いのち」があると言えるものでしょうか。

釣り鐘にも撞木にもゴ～ンという音がないのと同様です。生物としての身体に「いのち」があると考えるとまちがえます。心臓や脳にもないし、目や耳にもありません。ただ、ぶつかることで鐘の音が殷々と響きわたるように、窓の外の光景と出合ってはじめて、私の目にも耳にも「いのち」の「実感」があるのです。

この肉体と一刻一刻の出合い、一瞬一瞬の「感覚・実感」が「私」であり、「いのち」なのです。

息をしようと思う前に、息づいている。庭の花を見ようと思う前に、見えている。おいしい、にがいと思う前に、からだが感じている。愉快だ、不愉快だと思う前に、からだが実感している。

このように言葉によって客観的に考える以前の、目に見えたら見えたままの、耳に聞こえたら聞こえたままの生々《なまなま》しい出合い。それこそ私たちが真に生きている、息づいているリアルないのちです。

坐禅とは、そういういのちを実感していることです。

有名な禅の問題に、「両親がまだ生まれる前のおまえは何であるか」という問いがあります。私たちは、自分の意志で生まれてきたわけではありません。私の意志とも、あなたの意志とも関係なく、この世に産み落とされました。直接には父と母の縁で授かった生命です。

ここではそうした「両親がまだ生まれる前のおまえは何であるか」といった難

しいことは抜きにして、私が両親から「いのちをいただいた」あたりから始めさせていただきましょう。

長寿の理由

私は昭和二年に、宮城県の多賀城村（現・多賀城市）に父甚太郎と母きよの長男として生まれました。名は長興《ながおき》。

兄弟は弟一人ですが、私の出家で家を継ぐかたちになった一つ違いの弟・典男は、平成十八年に満七十八歳で他界しています。

子ども時代は田舎の子らしく川で泳いだり、魚を捕ったり。冬には川の表面にも厚い氷が張り、その上を滑って遊びました。氷がミシミシ鳴る、そのスリル感でゾクゾクしたものです。今ではもう、宮城県あたりでも川にそんな氷が張ることはありません。これはどうしたことでしょうか。私は、この地球規模の温暖化について深刻に考えています。このことはさておいて、話を進めましょう。

父の甚太郎は、たしか明治三十五、六年の生まれです。昔風に言えば、地主でも小作でもない、中農とでも言うべき百姓の家でした。そんな農家の長男だった父は、県立農学校を出た後、東京の農科大学に進学します。

中農クラスの百姓なら長男を東京の大学へやるぐらいの財力はあったのでしょうか。ただ父の場合は、入学してまもなくその父親、つまり私の爺《じい》さんが亡くなってしまい、大学は中途で退学せざるを得なくなったようです。帰郷してからは、本人は村役場に勤め、農業は弟に任せていました。父も私同様、農業はあまり好きでなかったようです。

最後はどういう経緯でそうなったものか、山形の県庁に勤めており、出張先の遊佐町で脳溢血に襲われてそのまま亡くなっています。昭和二十年、八月に日本が敗戦した後のことでした。享年四十三歳。私は長男息子であるにもかかわらず、親の死に目に会えず、葬儀にも参列できませんでした。後で詳しく触れますが、舞鶴の海軍兵学校から帰郷して仙台の大学病院に入院していたからです。そのためか、父が「死んだ」という実感がもてないのです。観念的に、死んでしまったのだなと認識しているだけです。

私の祖父も四十六歳で亡くなっているので、おそらく短命の家系なのでしょう。にもかかわらず弟が七十八歳まで生き、私が八十九歳のこの歳まで、とりあえず生きてこられたというのは、おそらく、九十歳という高齢で大往生した母の血縁を受け継いだのでしょうか。

無口な母に似ていれば、立派に見える

母きよの生まれも宮城県の田舎です。実家は、わが家より大きな「大百姓」の部類に入る農家でした。働き者で、私の幼い頃の記憶には、朝から晩まで家事や仕事の手伝いをして動きまわっている姿ばかりが残っています。私のお婆《ばあ》さんが、一里（約四キロ）以上離れた塩竈《しおがま》の八百屋まで朝、リヤカーに野菜を積んで引っ張っていくのですが、そのために夜遅くまで、お婆さんと一緒に野菜を束ねたりしておりました。

母のことは以前、文章にしたことがあります。「何でも吸収する女性の胃袋」という母が聞いたら怒りそうな題で、こんなことを書きました。

「私の育ったところは東北の農家であった。そこでは、味噌はそれぞれの家の自家製である。すり鉢ですって味噌汁をつくるのだが、汁椀の底には、こまかい味噌の豆かすが残るのが常である。それを私たち子どもは飲もうとしなかった。ところが母親は、それを「もったいない」といいながら、子どもの飲み残しを飲んでしまう。その当時は、それがあたりまえで、別に不思議に思わなかった。成長して今思うと、母親のありがたさに、しみじみ頭が下がる。その光景を思い浮かべているうちに、ふと気がついた。女性の長寿のひみつは、ここにあるのではないかと直感した。どこの母親も同じであるが、わが子の食べ残しや、食い散らかした菓子のかけらまでひろって食べる。この母親の尊い愛情によって、女性は長命の功徳をさずかるのではなかろうか」

昔はよく「おまえは父親似だ」「甚太郎さんにそっくり」と言われました。顔も性格も似ていたようです。それが、いやでいやで仕方ありませんでした。しかし、何度も言われ慣れるうち、だんだん自分でも父親似なんだと思いはじめました。

ところが、父親が死んでからは、母親そっくりだと言われるようになりました。父親の遺伝子と母親の遺伝子が、時とともに変化しながら顔に現れるのでしょうか。どうやら短命な父親から、長命の母親に、いつの間にか乗り換えたらしいのです。

こんな例は私だけではないようです。人の顔はみんな、見方によって父親にも、母親にも似ている。両方のDNAを半分ずつ受け継いでいるから当然でしょう。DNAと言えば、母のきょうだいは多弁なほうでした。母だけはどういうわけか口数が少なく、聞かれれば口を開くという感じで、愛想もいいほうではありません。

その母の子である私は「あなたもぺらぺら喋《しゃべ》りさえしなければ、すばらしい坊さんに見えるのに」と言われるぐらいお喋りです。そう注意されるたびに、なんで母親に似なかったのだろうと悔やまれますが、やはりDNAのせいでしょうか。

ですから気をつけようと思いながら、気がつくとお喋りをしています。お店に買い物に行っても、あいさつだけではすみません。お勘定してくれる人に、つい「あなた、どこの人ですか。どこで生まれたの」なんてことまで聞いています。もう二度と会わないその場かぎりの人にも、「何年生まれ」「若いですね。どこからお嫁に来たの」と知らず識らずのうちに親しげに語りかけています。

ぺらぺら喋りさえしなければ立派なお坊さんに見えるのに——と今も近親の者によく言われます。そんな私ですが、ともかく曹洞宗大本山のトップにまでなりました。それが「立派な坊さん」ということかどうかはともかく、絹の座布団の上に座り、ムッツリ黙って拝まれているような立場には性格が向いていなかったのでしょう。居心地がどうもよくない。やはりぺらぺら喋るほうが向いているので、その座布団をお返しして、福井県の田舎町に御誕生寺というお寺を建てました。

總持寺を開いた瑩山禅師が著した『坐禅用心記』に次のような一節があります。

「十《と》たび言わんと欲して九《ここの》たび休し去り、口《く》辺《へん》醭《ぼく》生じて臘月《ろうげつ》の扇の如く、風鈴《ふうれい》の

虚空に懸《かか》つて四方《よも》の風を問わざるが如くなるは、是《こ》れ道人の風標《ふうひょう》なり」(原漢文)

ものを言おうとしても十回のうち九回は口をつぐんでしまう。あまりにも寡黙《かもく》なので、口の周りにカビが生えてしまうほどだ。まるで、十二月の扇子のようにまったく役にたたなくても、とんと気にしない。それでいて風鈴のように風向きなどに少しも頓着せず吹かれるがまま、ただ軽やかに澄んだ音色を響かせている。このように、いつも心さわやかに生きている人こそ、われら修行者の目標である――。

このような人物に憧れますが、私にはどうも無理なようです。

戦争の余波

私が中学生の時、日本は太平洋戦争に突入しました。昭和十六年(一九四一年)の十二月八日未明に、日本はハワイの真珠湾を奇襲。アメリカ・イギリスと戦端を開いたのです。

戦争という時代の荒波が、わが家にも襲いかかってきました。当時、日本のあちこちで海軍工廠《かいぐんこうしょう》が建設されていましたが、塩釜港に近かった多賀城村にも白羽の矢が立ったのです。工廠と言っても、今の若い人にはわからないでしょう。銃器や火薬類など軍需品《ぐんじゅひん》を生産する工場のことです。

工廠建設に必要な用地の広さは、多賀城村の四分の一ほどもありました。その中にわが家の田地田畑と山林、自宅まで入っており、それを強制的に買い上げられ、一本の木も残りませんでした。一カ月以内に移転せよ、という命令です。地ならしの土木作業の発破《はっぱ》の炸裂音《さくれつおん》が響くなか、追われるように引っ越したことを覚えています。

今、思い出して不思議に思うのは、誰一人として反対したり、抗議したりしなかったことです。「なんで私たちだけが」とか「保証金の額がどうも」といった声もいっさい聞こえてきません。現在なら反対運動で大騒ぎになるところでしょうが、国家や軍の強大な力を前にしてすっかりあきらめるのが、戦時下における国民の義務と割り切っていたのでしょう。黙々と先祖の地を離れました。国からもらったお金で塩竈市の近くに土地を買い、家を建てました。これが、その当時の日本国の現実でした。

中学生だった私にはよくわかりませんでしたが、先祖代々の土地や家屋の取りつぶしに支払われた保証金は、新しく土地を求め家を建てるだけでほとんどなくなったようです。農業が嫌いだった父にとっては、これで完全に百姓仕事をしなくてもよくなりました。そのことは同じように私にも当てはまることでした。もし先祖伝来の田んぼや山があったら、私もおとなしく農家を継いでいたかもしれません。可能性はあります。敗戦になって、海軍に買収された土地の返却話が出ましたが、わが家の田畑はそのまま、今度は陸上自衛隊の多賀城駐屯地として使われることになりました。もし土地が戻っていたら、どうだったでしょう。私ものんきに坐禅なんか組んでいられなかったのではないでしょうか。

海軍兵学校

昔の中学は、現在の中学と高校の中間ぐらいにあたります。私は、仙台市にある仙台第一中学校に通っていました。

県内で最も入学するのが難しいエリート校でした。教科指導も生活指導も厳しい学校でした。たとえば、校内ではスリッパ、靴のたぐいは禁止です。履き物が許されるのは登下校の通学時のみで、教室はもちろん、グラウンドの土が白く凍りつく真冬の運動場でも素足と決められていました。学業も今と違って、競い合いで伸ばす教育方針が貫かれており、教室内の机の順番は言うにおよばず、下駄箱の番号まで学期試験の成績順で決まるという徹底ぶりでした。

その下駄箱の順番でいつも私より上だった優秀な同級生が、お寺の長男で、そのことにいたく同情したのを思い出します。「かわいそうに、彼はいずれは坊主だな。嫁さんも来てくれるのかな」。それぐらいお寺や僧侶を嫌っていた私が、寺の生まれでもないのにわざわざ坊さんになり、坊さんの親玉のようなものにまでなってしまったのですから、まったく未来には何が待っているかわかりません。

未来と言えば、小学校の頃は総理大臣になるのが夢でした。仙台一中の入学試験の時、最後に校長先生の口頭試問があります。「あなたは将来、どんな人になりたいのか」と尋ねられました。「私は総理大臣になりたいと思います」と率直に返答しました。そうしたら、その場におられた試験官である数名の先生がドッと笑いました。その当時の私は、内閣総理大臣になることが人間として最も崇高な目標であり、それに向かって生きるのが当然と思っていたのでしょう。

さいわい合格しましたが、二年生の時に日本は太平洋戦争に突入しました。中学校もだんだん授業が減り、軍需工場で勤労奉仕する時間が増えます。机に向かって勉強したのは三年の前半まで。その後は授業がなくなりました。制服もカーキ色の国民服にゲートル巻き。授業でも軍人が先生になり、体育は軍事教練になり、素足が原則だったグラウンドでも軍事教練の時間は革靴を履くことになりました。

こうした空気のなか、私は軍服姿に憧れます。それもカーキ色のやぼったい陸軍ではなく、キリッとした紫紺の制服に短剣という凜々《りり》しい海軍将校です。それには海軍の兵学校へ入らなければなりません。けれど海軍兵学校や陸軍士官学校への進学は、今の東大（旧制一高）より難しく、仙台一中でも合格するのは数えるほどでした。海軍兵学校に進めたのが二、三人。陸軍士官学校は五、六人だったと記憶しています。

ところが、太平洋戦争開戦から二年ほどすると事情が変わりました。戦局の悪化で大幅に定員が増えたのです。仙台一中からの合格者も急に増え、これなら私も合格するかもしれない、と思うようになりました。

一つ心配なのは目がよくないことです。入学審査には学科試験と身体検査があり、視力の合格基準は一・〇以上。視力では努力のしようがありません。そこで鹽竈《しおがま》神社という自宅から六キロほど離れたお社《やしろ》の神さまへ、自転車で願掛け《がんか》に通ったのです。そのおかげかどうか試験本番で信じられない奇跡が起こりました。

試験官が視力検査の表を指すと、どこからか「3」とか「5」とか声が聞こえてくるのです。後ろに並んでいた受験生が小声で教えてくれていたのです。その人が誰なのか、その人も合格できたのかどうかもわかりません。視力検査で落とされていたら、私の一生も現在とまったく違っていたことは確かです。

人生は、思いもかけない不思議な縁に左右されるものだと思わざるを得ません。私の視力検査で、後ろからコッソリ教えてくれた人は鹽竈神社のお使いだったのでしょうか……。

父は、私が軍人になることには大反対でした。医者になってほしいと思っていたようで、気の早いことに病院開業用の土地まで買ってありました。その父も時代の流れには勝てず、私の海軍兵学校の受験を黙認してくれました。

海軍兵学校七十六期生として、舞鶴分校に入学したのが昭和十九年の十月。視力が低いので機関科のほうへ回りましたが、兵学校の軍服に袖を通した時の晴れがましい気持ちは、今も忘れられません。

兵学校生活は緊張の連続でした。ちょっと気を抜くと上級生の鉄拳制裁が待っていました。朝起きてから夜床に就くまで、いささかも気をゆるめられません。鉄拳制裁とは、握り拳で思いきり顔を殴られることです。その鉄拳制裁も、しばらく我慢すれば、あまり気にならなくなります。それ以上につらかったのは、四六時中、私たちを慢性的に苛《さいな》んだ、空腹感でした。

日本全体が食糧不足の時代です。十七、八歳の食べ盛りで、しかも一日中激しく動きまわっています。腹が減って仕方ありません。今も覚えているのは、食卓についた時です。すばやく両隣の皿と見くらべ、自分のほうが少しでも量が多ければうれしくなり、逆であれば、さらにひもじさが増してくる気がしたものです。餓鬼と同じ心境です。しかも見くらべる内容は、味噌汁に浮いているサツマイモの蔓《つる》や葉の量が多いか少ないかといったもので、ほんとうに粗末な食糧事情でした。

そんな状態で激しい訓練を受けるのですから、病人が続出しました。私も走ると胸がシューシューと痛くなり、ベッドのシーツが寝小便をしたかと思うほど寝汗で濡れるようになりました。敗戦後、帰郷してすぐに私は治療を受けることになるのですが、あと一年も終戦が遅れたら栄養失調で生徒の半分は死んでいたのではないでしょうか。

それから当時のことで思い出すのは、軍艦や飛行機を動かす石油やガソリンがなくなり、松林に入り松の木にキズをつけ、そこから流れ出る松やにを採集したことです。海軍の幹部を育成する学校の生徒でもこういうことをやらされました。それでも、戦争に負けるということを想像したこともない厳格な教育を受けておりました。

昭和二十年八月十五日。天皇陛下の玉音放送を校庭に整列して聞いて、日本の敗戦を知り、みんなで泣きました。徹底抗戦を叫んで舞鶴港から出撃していく潜水艦もあり、複雑な思いでそれを見送ったことを思い出します。私の心に最初に浮かんだのは、「ああ、これで家に帰れる」でした。「お母さんにも会える」。ホッとした、というのもまた、十八歳の少年としては偽らざる気持ちでした。

やがて敗残兵のように復員列車に乗って、舞鶴から宮城県の故郷に帰りました。帰ってみてびっくりしました。みんな血色がいいのです。それもそのはずで、食べているのは白米のご飯です。おかずも食卓にふんだんに並んでいます。「さあ、いくらでもおあがり」と、母がすすめてくれます。

無性に腹が立ちました。芋の蔓や葉の多少に目をつり上げ、いつも腹を空《す》かせていた兵学校の状況とはあまりの違いです。「息子を軍隊に送り出した家庭が、こんなありさまだから日本は負けたんだ」と、悔しまぎれに家族の前で大演説をぶったのを覚えています。軍隊には存在しないヤミ物資が、世間にはいくらでもあったのです。

家に帰ってすぐ寝込んでしまいました。息をするごとに胸が痛むのです。近くの病院のお医者さんに診《み》てもらいました。「肋膜炎《ろくまくえん》」ということで、注射針で胸から盥《たらい》に半分ほど水を取ってもらいました。敗戦がもう一週間遅れていたら、私の命はなかったでしょう。

第二章

足元がふらつかなくなる

人生の分岐点はどこにあるか

今から十年ほど前になるでしょうか。福井県で「国民文化祭」が開催されたおり、神奈川県から参加して地元の伝統芸能を披露した中高生の団体が、その帰路、ここ、御誕生寺に寄ってくれました。私の講話の後、質疑応答の時間に、その中の一人である高校二年の男子生徒からこんな質問を受けました。

「人生の分岐点はどこにありますか」

難しい質問です。進路決定の時期をひかえて悩んでいたのかもしれません。その場では、中高生にもわかりやすい「志《こころざし》」の話をしました。大切なことは志をもち、好きなことに情熱を燃やすことである。そうすれば、たとえ挫折《ざせつ》しても、それが踏み台になって、きっと新しい道が開ける。志のない人間にはそれがない。志がなければ、挫折することさえないだろう。だから情熱を傾けられるものを見つけることが何より大事である、と答えました。

ひるがえって、私の人生の分岐点はどこだろうと考えてみます。すると八十年の人生のいたるところ、大げさに言えば、その刻一刻、一瞬一瞬が、ことごとく分岐点であったような気がしてくるのです。

たとえば、村に海軍工廠が建設され、田地田畑を召し上げられなかったら、長男の私は農家を継いでいたかもしれません。海軍兵学校入試の視力検査でも、味方してくれる誰かさんがいなかったら不合格となっていたでしょう。父の望みは、私を医者にすることだったので、そうなれば案外、坊主とは反対に白衣を着て一生を過ごしたのかな、とも思います。

ただし、「ここ、この時が私の人生の分岐点だ」というものを一つだけ選ぶとしたら、おそらく舞鶴の海軍兵学校から故郷に戻った後、昭和二十年からの数年間の一時期ではないかと思います。

日本男児として、それなりの使命感に燃えて入学した兵学校がなくなり、突然、前途を断たれました。さらに当時は「死病」といわれた結核を患っての帰郷です。

つまらぬ執着があればこそ

肋膜炎で病院を出たり入ったりしながら、二年近くウロウロしたでしょうか。それから、仙台工業専門学校へ入りましたが、どうもおもしろくありません。また受験し直して、東北大学文学部の学生になったのが昭和二十四年でした。

それで仙台一中の同級生よりも四年遅れたことになりました。同級生で順調に進んだ者は旧制二高を終えて東北帝大や東京帝大にも進学していました。おまけに私が入学したのは新制大学であり、その一期生でした。ですから東北帝大ではなく、新制度の東北大学の学生になったわけです。

戦後の学制改革で、それまでの中学（旧制中学）が高校に改編されました。旧制高校は新制大学の一、二年（教養部）に編入され、そこに専門学校や女子専門学校も併合されました。それまでの「帝国大学」と比べて、明らかなレベルダウンであると、その時は思いました。まったくおもしろくありません。難関といわれる海軍兵学校に合格し、それが誇りでもあった私には大きなショックでした。

今になって思えば実につまらないことです。つまらないことにこだわり、執着し、そのために苦しんだこと、それが私の人生の決定的な分岐点になったと思います。

後に、僧となるのもこのような苦悶《くもん》があったことが深い原因になっていると思います。もし、すべてが順調に進んでいれば、まるまる太って今頃は、あの世の人になっていたかもしれません。

東北大学に通いながら、どこか誇りをもてないのです。そういうこともあって、通学する前に自宅の床の間で坐禅の真似事《まねごと》をするようになったのです。

禅寺で坐禅する

自宅で一人で坐禅しているうちに、だんだん興味をもつようになり、ついに、禅寺の坐禅堂で坐ってみたくなりました。

坊さん嫌いの私にとって、家の菩提寺（臨済宗）を除けば、自発的に足を運んだ最初のお寺は、仙台の松音寺《しょうおんじ》でした。

伊達政宗ゆかりの城門を移築したといわれる山門をくぐり、声を励まして案内を請うと八十歳ぐらいに見える老僧が出てこられました。僧衣に小柄な体を包んだその人が、住職の金山活牛老師《かなやまかつぎゅうろうし》でした。その印象がよほど強烈だったのでしょう、六十年を経た今でも、あの時の活牛老師の姿がありありと目に浮かびます。ずっと後で知ったことですが、老師は大本山永平寺で監院職まで務められた聖僧《せいそう》でした。

松音寺を知ったのは、兵学校から帰郷し肋膜炎で入院していた時です。国立病院で相部屋になった患者さんに、ニューギニアで敗戦となりマラリアに罹《かか》って引き揚げてきた、篠原さんという元軍医さんがいました。仙台一中の先輩でもあり、当時は亡き父の願いどおり医学の道に進もうかと考えていたので、いろいろな話を聞かせてもらいました。

この元軍医さんが朝ときどき、外もまだ暗いうちに病室から姿を消すのです。

「病人が黙っていなくなるとは何事ですか」と主治医によく叱られていました。

病院を抜け出た篠原さんが通っていたのが松音寺であり、そこで坐禅を組んでいるのだと知りました。戦争が終わってそれまでの価値観が一変し、多くの人が生きる目的や人生の指針を見失っていたのがあの時代です。特にニューギニアのような激戦地で、私たちの想像を絶する、悲惨で耐えがたい、さまざまな死と生を目撃してきた人たちは、新しい死生観、新しい人生観を懸命に模索していたのでしょう。

篠原さんが、どんな動機で病室を抜け出して坐禅に通っていたのかわかりません。たまたま同室になった篠原さんのおかげで、私は「坐禅」というものを知りました。私も、坐禅でもしたら心に重みが出て、これからの人生を生きていく基盤になるかもしれないと思うようになりました。それで、病院を退院してからも、自分の家で坐禅をするようになったのです。ありがたいご縁です。

松音寺にはときどき出かけて行って、坐禅堂で一人で坐禅させてもらいましたが、本格的な指導を受けたわけではありません。あそこに坐れ、と言われ、黙って坐禅堂の隅で坐るということをたびたび繰り返しただけで、坐禅会に参加したというのでもありません。しかし何か心が落ち着きます。なかなか良いものだということが実感されました。そういえば、家から座布団を持ち込んだのを思い出します。あの座布団はきっとあのまま、今も松音寺のどこかに残っているかもしれませんね。

必然としか思えない偶然

松音寺へ出かけて坐禅するようになって、二年ぐらい過ぎた頃でしょうか。さらに本格的に坐禅の道へ誘うかのような偶然が待ち構えていました。

昭和二十六年の春。東北大学の三年生になったばかりの頃だったと思います。ある日、通学に利用している路面電車の停車場の近くで、法衣を着込んだおかしな学生を見かけました。当時の学生と言えば、詰襟《つめえり》学生服に角帽が普通でした。物不足の時代であり、たしかにいろいろな格好の人がいましたが、さすがに坊さんの着る黒い法衣の大学生というのは見かけません。

法衣姿の学生に「お坊さんですか」と声をかけると、「そうではない」という返事でした。坊主ではないが、仙台市北山の輪王寺《りんのうじ》という寺で坐禅しながら通学している。昨夜、そこで学生服を盗まれてしまったので、法衣を借りて着てきたと言うのです。

これを聞いてさらに興味がわきました。坐禅の真似事なら私も松音寺や自宅でやっていました。しかしこの学生は、住み込んで本格的にやっているらしい。そこで、「坐禅をしたらどうなるんだい」と聞いてみました。

「足元がふらつかなくなる」

学生とは思えない答えでした。ノイローゼ気味になって足元がおぼつかなくなり、心がふらついていた時ですから、この言葉にグッと惹《ひ》かれました。その時の印象をいまだによく覚えています。

しかし、おもしろいもので、私が声をかけた法衣の学生、後に東北大学の教授になった＊片野《かたの》達郎《たつろう》君は、私の人生を決したと言ってもいい、その言葉をまったく覚えていないそうです。かわりに片野君には、私にはない記憶がありました。その時、私は片野君にこう言ったそうです。

「おれは眠れないんだ。ぐっすり眠れるようになるなら、何でもするよ」

たしかに言ったかもしれません。当時、ひどい不眠に悩まされていました。

「それなら輪王寺で二、三日、一緒に生活してみたらどうだ」と誘われました。

「そうすれば、ぐっすり眠れるようになるさ」。このひと言で輪王寺にお世話になろうと決めました。結局、お世話になったのは二、三日どころではありません。気がついてみれば、大学を卒業するまで二年間もそこで生活することになるのです。

あらためて人生を振り返ってみると、私たちの人生には、こういう偶然――現在から見れば必然としか思えないような偶然が、歩んだ道に沿って点々と用意されていた気がします。松音寺と輪王寺が共に曹洞宗だったことも、そういう偶然の一つでしょうか。

＊片野達郎（一九二七〜）　神奈川県鎌倉市出身。東北大学名誉教授。斎藤茂吉記念館前館長。著書・共著・編著に『日本文芸論藪』『正統と異端―天皇・天・神―』『金剛宝山輪王寺五百五拾年史』『歌ことばの辞典』など。

輪王寺に住み込む

仙台市街の北、その名も北山と呼ばれる丘陵の、緑豊かな広い敷地に七堂伽藍を配した金剛寶山輪王寺があります。仙台市民ならたいていの人は知っている名刹です。

自宅から大学に通っていたのでは怠け者から抜け出せない。そうだ、輪王寺から通学しようと決めました。これで不眠症から逃れられるかもしれない。足元がふらつかなくなるなら、もっとしっかり生きられるだろうというような漠然とした期待があっただけです。「わざわざお寺に入らなくてもいいのに」と言う母を説得し、さっそく輪王寺で生活することになりました。

そんな学生たちに道場を提供し、勝手に修行させておいた住職の日置《ひおき》五峰老師《ごほうろうし》の懐の深さをいまさらのように感じます。

下宿ではありませんので、食事も自分たちでこしらえます。朝四時に起床し、本堂で読経、坐禅堂で坐禅。その後、清掃など作務《さむ》をしてから自分たちで炊《た》いたお粥《かゆ》とタクアンをいただいて学校へ行くのが日課です。戦時中の黒い防空用カーテンで作った法衣をまとい、頭はツルツルに剃り上げていました。

多少の出入りはありましたが、そんな仲間が輪王寺には常時五、六人はいたと思います。覚えているのは文科系の大学生が三人、医学生が一人。浪人中の受験生と県庁勤めのサラリーマンもいました。その中に片野君はもちろんのこと、生涯の友となった花山勝道《はなやましょうどう》さんがいます。

私もはじめは不安でいっぱいでした。前もって寺の様子を探りに行くと薄暗い一室に、先輩格の花山さんを中心に三、四人の学生がたむろし、猥談も交えて高談、大笑しています。気持ちがほぐれ、ここでしばらく生活してみようと心を決めました。

花山さんは、輪王寺に住み込んだ東北大生の第一号でした。おおらかで人間としてのの器が大きく、みんなの兄貴分として統率力もありました。花山さんがいなかったら二年という長期間、輪王寺での修養生活を送れたかどうかわかりません。

後に、花山さんの父上が東京大学の教授であり、巣鴨プリズンで処刑された東条英機元首相（陸軍大将）らA級戦犯七人の教誨師《きょうかいし》を務められた花山信勝《はなやましんしょう》先生であると聞いて驚いたのを覚えています。

＊花山信勝（一八九八〜一九九五）　石川県金沢市生まれ。仏教学者で浄土真宗本願寺派僧侶。東京大学名誉教授。処刑されたA級戦犯七人の教誨師であり、後に『平和の発見　巣鴨の生と死の記録』を著す。

省あり

ある時、片野君からこう言われました。

「ねえ、板橋君。ノイローゼで眠れないと言ってここに来たのに、君がいちばんよく寝ているじゃないか。ノイローゼはどうなった」

言われてみるとそのとおりです。あんなに苦しめられた不眠やノイローゼが、きれいに治っています。それどころか、夜の睡眠だけでは足りないらしく、大学の授業中でも最前列にツルツル頭で、机に広げたノートに涎《よだれ》を垂《た》らして眠っていました。朝四時に起きるので、そのぶん夜も昼もぐっすり眠れるのです。

よく「健全なる精神は健全なる身体に宿る」と言います。私の体験では、「健全なる身体と潑剌《はつらつ》たる精神は、規律ある生活から生まれる」となります。輪王寺で体験した「規律ある生活」は文句なしに清々《すがすが》しいものでした。

ある冬の寒い朝のこと。書院の北廊下で雑巾《ぞうきん》がけをしていました。庭に面した雨戸を繰ると朝の明かりとともに身が竦《すく》むような厳寒の冷気がサッと入ってきます。長い廊下を雑巾で拭《ふ》くうちに雑巾が寒さで凍り、何かの拍子にツルッと滑ってしまいました。

その瞬間です。啓示のようにひらめくものがありました——自分の生きる道はこれしかない。禅寺の規則正しく潑剌とした生活以外、自分の生き方はない。

そう思うと、なぜか涙がこぼれました。

これが私の、「省有り《せい》」でした。

禅宗には「省有り」という言葉があります。「趙州洗鉢《じょうしゅうせんぱつ》」（『無門関』第七則）という話の中に、それが出てきます。趙州禅師に、修行僧が「新参者ですから教えてください」と請うと、禅師は「朝食の粥は食べたのか」と聞きました。「食べました」と修行僧が答えると、「それでは食器を洗っておきなさい」。ただそれだけです。けれど、修行僧はそこでハッと気づきます（僧省有り）。「省有り」は悟りとまではいかない気づきのようなものでしょう。私も滑ったとたん、ハッと気づいたのです。食器洗いが雑巾がけに変わっただけです。

正式な坊さんになりたいという思いがわいてきました。理屈なしにそう思いました。大学卒業後に師事するお坊さんを五峰老師に相談すると、ちょっと考えておられましたが、「現在の曹洞宗では、渡邊玄宗禅師《わたなべげんしゅうぜんじ》が最も立派なお方だな」とおっしゃいました。

悟りという美しい獣

輪王寺で暮らしたのは二年間でしたが、思い出すことがたくさんあります。住み込んだ最初の頃、五峰老師に喰《く》ってかかったことは今も懐かしい思い出です。なぜ木の仏像なんかを飾って、ありがたそうに拝んでいるのか。空念仏《からねんぶつ》ならぬ空仏《からぼとけ》じゃないか。お経だって、そうだ。漢字を音読みするだけでは意味がわからない。キリスト教でもバイブルを文語から口語に直して、わかりやすくしている時代ですよ。ニョゼ～ガ～モンなんて言ってないで、「私はこう聞いた」と、どうして誰でもわかるものにしないんですか――。

若い学生としては当然な疑問であったと思います。

朝の読経の後、老師をつかまえて質問しました。いい迷惑だったと思います。その時、五峰老師がどう答えられたか、まったく覚えていません。自分の屁理屈《へりくつ》に固執し、聞く耳をもたなかったのでしょう。機がまだ熟していなかったのです。

しかしこういうことから、ただ坐禅するだけでなく、宗教とは、また信仰とは何であるか、というようなことを考えはじめたのです。

もう一人、田辺萇山《たなべがざん》という懐かしい老師がおられます。宮城県北部にある栗原郡瀬峰町（現・栗原市）の陽岩寺の住職でしたが、輪王寺の後堂《ごどう》という役職を任されており、ときどき仙台まで出てきて私たちの指導にあたってくださいました。臨済宗でも修行し、印可証明も臨済で受けた方なので、その指導も臨済流に公案を用いたものでした。当時、私には「公案」というものがピンとこなかったのですが、老師のお話で印象深く残り、私も法話などに今でもときどき使わせていただく話があります。

「あるところに樵《きこり》がおった。毎日毎日、木を伐《き》っておった。ある日ふと気づくと、一頭の美しい獣が現れた。不思議に思って見ようとすると、もういなくなっておる。またしばらくすると、ひょっこり出てくる。だんだん近づいて来たが、よく見ようとすると消えてしまう。ついに手の届きそうなところまで来たので、つかまえようとしたらサッといなくなった。そうやってなんべんも繰り返したが、ことごとく駄目だった。樵はついにあきらめて、もう見向きもしなくなった。獣のことなどすっかり忘れ、自分の仕事に打ち込んでおった。するとどういうわけか獣のほうから、木を伐っていたのこぎりに引っかかってきたという」

嵬山老師は、その獣を「悟りという獣」と言われました。

私が一般の方にお話しするときは、「幸せの獣」と置き換えています。

私を今の自分にしてくれた「輪王寺」というもののありがたさ、いわば私にとっての輪王寺は、あの寒中の雑巾がけでの「省有り」、その一事にこそあります。ほかにも輪王寺では忘れがたい出来事がいくつもあります。空腹で甘いものを食べたい時は、門前の店屋にアメ玉を二個か三個買いに行き、それを口にして満足していたのも、その一つです。そんな時代でした。

＊後堂　僧堂における修行僧の教育指導役の一つ。指導役には、西堂《せいどう》、後堂、単頭《たんとう》、講師の四つの役職がある。

生きることへの大疑

大学では文学部に籍を置いていました。なぜ文学部なのかと問われると困るのですが、その頃は文学部がいちばん卒業しやすいと思い、ぐうたらの身にはそれが何より魅力であったのです。片野君のように日本文学に深く共感したり、花山さんのように仏教の源流であるインド哲学を究《きわ》めんとする大望があったのとは違います。

文学部では三年進級時に自分の専門を決めなければなりません。私は文学や哲学ではなく宗教学を選びました。主任教授に「なぜ、この宗教学を選ぶのか」と尋ねられ、「宗教学なら高校の社会科教師ぐらいにはなれそうだから」と正直に答えました。すると、「社会科の先生ぐらいとは何事だ」と大目玉を喰らい、「宗教学を勉強するなら研究者になるか、立派な布教者になりなさい」と叱責《しっせき》されました。その時、私を叱ってくださった教授は、後に東北大学総長になられた石津《いしづ》照璽《てるじ》先生でした。

大学の「学問」には、あまり魅力を感じませんでした。けれど、どうしても解き明かしたい疑問を抱《かか》えておりました。自分ではどうにもならず、しかも、いつも念頭から離れない問題でした。

「生きるとはどういうことか」

「生きることにどんな意味があるのか」

「いかに生きるべきなのか」

その疑問は、幼い時にふと心に芽生え、それ以来いつも付きまとっている「死の恐怖」と、根っこの部分でつながっている問題でした。

人は死ぬ。いつか死ぬ。今まで死ななかった人間は一人もいないのですから自分も死ぬでしょう。死んで、この世から消えていく。死んだらどんな世界に行くのか。考えれば考えるほど恐ろしい。自分が消えてなくなる「死」に向かって、一日一日進んで行くのが生きるということなのか。そんな空《むな》しい人生は、わざわざ生きるに値するのか。どう生きたら価値ある人生になるのか。中学生以来、そ

ん な疑問に人知れず悩んでいました。

ただおもしろいことに、最も死に近い場所であるはずの海軍兵学校では、そういう疑問に苦しんだことは一度もありませんでした。どう生きるべきか、どう死んでいくべきか。そんな余計なことを考える暇《いとま》もありませんでした。「国のため」という一念で燃えていました。

それが敗戦になり、ぐうたらな毎日を送るなかで再びわいてきたのです。解答を求めて本を読みました。これはと思う人にも問いました。キリスト教の神父さんにも尋ねて教会に通いました。大学でもこの先生ならと思える教授がいると、決まってその問いをぶつけました。問われた先生は一途《いちず》な質問に戸惑いながら真剣に答えてくれました。けれど、それを受け止める力が私のほうになかったのでしょう。納得がいかないので、また別の先生に質問する、といった具合でした。

これを見ていた同級生からは「あんた、よほど頭が悪いな」と呆《あき》れられたのを覚えています。「いつも同じことを質問するな」と忠告されたこともありました。

申し訳ないと思いました。私が少しは気の利いた人間なら相手によって言葉を選んで質問し、それなりの答えを引き出せたのでしょう。

いろいろな人に聞いた中に、「大学の総長である＊高橋里美《たかはしさとみ》先生がこんなことをおっしゃっていた」と話してくれた人がいます。「お百姓が朝、食事を終えて、鍬《くわ》を肩に担いで田んぼや畑を耕しに行く。夕日の落ちる頃になって、また鍬を担いで家に戻ってくる。そういう単純な生活の連続にこそ人の幸せがある」。

なんだ、京都大学の有名な西田幾多郎とやり合った、偉い哲学者である大学総長の高橋里美先生もその程度のことしか言えないのか、とがっかりしました。その当時は理解できなかったのです。しかし、何か琴線に触れるものはあったのでしょう。不思議と記憶に残り、今でもこうして覚えています。

人生とは何か。いかに生きるべきか。これが、いつも問題でした。

それで、自分の人生問題の解決になるかと思い、道元禅師の「正法眼蔵」を選び勉強しました。それなりの知識を得て論文にまとめ、卒業論文として提出しました。しかし、自分の安心解《あんじんげ》脱《だつ》とは関係がないことを知りました。自分で坐禅をしてこそ、はじめて解脱もし、そして安心の道を開くことができる。そのことを確認した次第です。

卒業前に主任教授の石津先生から「大学院に残って研究したらどうか」と勧められました。「私は学問より、僧侶の道へ進みます」と断言し、卒業三日後に横浜市鶴見の總持寺へ向かい、渡邊玄宗禅師のもとで得度しました。「人生とは何か」「どう生きるべきか」という問いに対する、私なりの答えだったと言えるかもしれません。

「人生とは何か」

「どう生きるべきか」

キザな言い方になりますが、それは若い頃、私がいつも胸に秘めていた切実な大問題でした。出家して正式に修行して解決したいという決意は、ますます堅固になりました。

＊高橋里美（一八八六〜一九六四）　山形県上郷村（現・米沢市）生まれ。哲学者。東北大学名誉教授。東北大学総長。

西田幾多郎との論争で注目される。著書に『高橋里美全集』(全七巻)『フッセルの現象学』『歴史と弁証法』『哲学の本質』など。

母一人に見送られて

私の出家求道の決意には母は反対でした。父がすでに他界していたので、私に寄せる期待も大きかったのだろうと思います。給料取りになって一緒に暮らしてほしい、と願っていたことでしょう。それが家を出て、まさか坊さんになるとは。

輪王寺に入り込んで頭を丸めていたので、予感はあったかもしれません。父が亡くなった後、わが家は下宿人をおいていましたが、大学院に進んだ花山さんが輪王寺を出てわが家に下宿している時、「あなたが、お坊さんになることを勧めたのでしょう」と責められたようです。大学も四年、いよいよ卒業の時となり、母に「出家する」と告白した時は、「坊さんになるのかや」とひどく落胆し、とても悲しそうでした。

賛成してくれなければ、最後は文字どおり家を出ようと決めていました。けれど、卒業式前に鶴見の大本山總持寺を訪ねて渡邊玄宗禅師に卒業後の入門をお願いすると、「お母さんの同意がなければ受けません」と言いわたされてしまいました。家に帰り、禅寺の規則正しい生活が自分にはいかに必要であるかを母にこんこんと説いて、ようやく許しをもらいました。

寂しかったろう、と思います。卒業式の三日後に仙台駅を発つ時は、母が一人で見送りに来てくれました。たった一人でホームに立って手を振る母の姿があまりに悲しそうで、目頭が熱くなりました。列車が発車してからも、あふれてくる涙をどうすることもできません。上野駅に着いた時には、ハンカチは涙でグショグショでした。今でもその時の光景が鮮やかで、母親に合掌したくなります。

当時は、東北本線で東京まで六時間あまり。そこからさらに電車で横浜へ。しかし、まっすぐ總持寺へは向かわず、外人墓地を見に行ったりしたのは、どんな感傷があったのでしょうか。丘の上から横浜港を見下ろすと、皇太子だった今の天皇陛下が、英国女王の戴冠式に参列するためご出発されるところらしく、たくさんの小船が皇太子殿下の船を見送っているのが見えました。これも不思議など縁のように思います。

私の出家求道の、けじめの光景のように思えました。

第三章

道を求めて

得度《とくど》(剃髪《ていはつ》)

横浜市鶴見の大本山總持寺で渡邊玄宗貫首を師として得度《とくど》したのは、昭和二十八年(一九五三年)四月十八日でした。親が付けた「長興《ながおき》」から「興宗《こうしゅう》」という僧名をいただいて、板橋興宗となりました。戒を授けられ、お釈迦さまからの法脈を付与されて正式の僧侶となり、正伝の法を学ぶ仏弟子の端に連なることを許されたのです。

得度式には母と花山勝道さんも出席してくれました。後日、渡邊禅師の残された日誌を見ると、「同人母、宮城縣ヨリ来山シテ午前十時ノ得度式ニ参列ス」と毛筆で記されてありました。

師・渡邊玄宗禅師のお姿

この仏門の世界に入るにあたり、渡邊玄宗禅師に得度していただいたことは、このうえなく幸せなことだった、といまさらのように思います。当時、禅師はすでに八十四歳のご高齢でした。九十五歳で遷化《せんげ》される十年前であり、まだ二十代後半だった私など、孫かひ孫のように頼りない存在に思われたに違いありません。總持寺に到着して約二週間ほど法衣の準備などのため、禅師の居室の廊下で過ごさせられました。その間に、修行に耐えられるかどうかを見極めようとされたのでしょう。

俗に「出来の悪い子ほどかわいい」と言います。これは弟子の場合にも当てはまるのでしょうか。それとも最晩年の弟子として、いくらか期待するところもおありだったのか。後者である、と私は今も信じていますが、遷化までの十年間、とてもかわいがっていただきました。總持寺では、私だけ自由に入室し参禅問答を許されました。得度して一年足らずで侍局務めにもなりました。それも渡邊禅師のおかげであったと感謝しています。

わが敬愛する師・渡邊玄宗禅師の経歴をご紹介します。

道号は本行《ほんぎょう》。天皇陛下から大本山貫首職に賜る禅師号は圓鑑不昧《えんかんふまい》。新潟県の三島《さんとう》郡日吉村（現・長岡市）に明治二年にお生まれになり、長野県下高井郡往郷村（現・木島平村）の泉龍寺、渡邊俊龍和尚のもとで得度、嗣法《しほう》されています。

東京に出て哲学館（現・東洋大学）の仏教専修科で学んだ後、比叡山延暦寺で天台の教観を修められ、次いで大本山永平寺、可睡斎《かすいさい》などで修行。その後、臨済宗の大本山である円覚寺でも参禅修行され、師家より印可証明も受けておられます。

富山県の報恩寺と光厳寺《こうごんじ》の住職も務められ、さらに金沢の名刹・大乗寺の住職となり多くの修行僧を鍛え上げました。その高い徳望が認められたのでしょう。昭和十九年に大本山總持寺独住十七世の貫首に就かれました。

敗戦をはさんだ戦中戦後の最も困難な時期に、曹洞宗の二大本山の一つである總持寺の貫首（住職）をお務めになられ、昭和三十二年に退董《たいとう》、能登の總持寺祖院にご勇退になりました。

もし、私が「じかに接したお坊さんの中で最も尊敬するのはどなたか」と問われたら、迷うことなく玄宗禅師のお名前を挙げるでしょう。「一生不離叢林《いっしょうふりそうりん》（生涯、僧堂を離れない）」の理想を実践されるとともに、「出家は肉食妻帯せず」を貫き通し、当代における禅門の「聖なる部分」を、身をもって示された数少ない聖僧でした。

比べるのは恐れ多いことですが、不肖の弟子である私の出家時に、出家するのを躊躇《ちゅうちょ》させるものが一つあったとすれば、「将来、女性の問題で悩まされるのではないか」という不安でした。予感したとおり、後に私は妻帯することになるのですが、禅師の毅然《きぜん》としたお姿を見てきた私にとっては、今でも「肉食妻帯するは真の出家にあらず」と思っています。

日本では明治以降、僧侶にも肉食妻帯が許されていますが、世界の仏教界では肉食し妻帯するのは在家であり、出家とは見なされません。特にタイやミャンマーのような南伝仏教の地域では、僧侶は具足戒《ぐそくかい》という厳格な戒律を守り、それゆえにこそ人びとから篤《あつ》く尊敬され、崇められるのです。お隣の韓国も一般には仏教の僧が妻帯することはなく、出家主義がしっかり維持されています。

僧侶の、いわば半僧半俗とも言うべき生活のあり方は日本独特のものです。出家主義からは逸脱していますが、それが悪いことであるとは必ずしも言えません。世俗と隔絶せず、つまり一般の人が抱える問題を理解し、共感することができて、より親身になれるという意味では大きな意義があります。

けれど道元禅師の仏教は、もともと厳しい出家主義であり、その伝統は玄宗禅師のような僧によって、かろうじて支えられてきました。

僧としての気概と気骨

もう一つ、私の目に焼きついている玄宗禅師の忘れがたいお姿があります。それは、大本山の最高位にあっても、またそのご高齢にもかかわらず、修行僧と同じように庭を掃き、草むしりをされていたお姿です。

千二百年ほど前の中国に、百丈禅師《ひゃくじょうぜんじ》という高僧がおりました。年老いても修行僧に先んじて農作業や清掃などの作務を行い、一日も欠かすことはありませんでした。老齢の身を案じた僧たちは一計を案じ、作務用具を隠してしまいます。禅師は仕方なく作務を休みますが、その日は一度も食事に出てこられません。そして弟子たちに、叢林にあっては身分の上下にかかわらず、規律に従って共に行ずべきことを諭《さと》しました。

まさに、渡邊玄宗禅師は百丈禅師のようなお方でした。

このようなこともありました。總持寺で二年ほど修行した頃、たまたま浜松市の井上義衍老師《いのうえぎえんろうし》にお目にかかり、その禅の教えに心服してしまい、義衍老師のもとで参禅する意欲に燃えました。渡邊玄宗禅師に破門されても浜松の井上老師に参師することに決心しました。玄宗禅師のお世話係である侍局の方がたから、それは「禅師への裏切りだ」と批難されました。禅師ご本人は、「若い時は遍歴するものだ。そのぐらいでなければ駄目だ」と、大きな心で受け止めてくださったものです。

いつも温かく見守り、気にかけてくださった禅師の後ろ盾がなければ、僧としての私の歩みもまったく違ったものになったでしょう。

玄宗禅師が教えてくださったことのうち、いちばん大きかったのは、その毅然たるお姿を通して僧としての気概や、あるべき姿、生き方を示していただいたことです。「法の求め方」こそ、いささか禅師とは違うものになりましたが、僧侶としての魂、気骨を入れていただいたと思っています。私のような生来のぐうたらな人間が、まがりなりにも坊さんであり続けられたのは、玄宗禅師のご人徳のおかげと今でも感謝いたしております。

叢林への期待と失望

玄宗禅師のもとで得度し、僧堂の雲衲《うんのう》（修行僧）となって半年。その頃、總持寺研修道場の機関誌「三松」に載った「宗門人の反省」という私の一文がありま す。あらためて読んでみると、よくこんな生意気《なまいき》なことが書けたなあと思います。若気の至りでしょう。

大本山で修行に入るにあたっては、当然、燃え上がる期待を秘めていました。

しかし、憧れと現実の間には隔たりがあるのが世の常です。現実の僧堂生活の中で味わった私の失意と焦りが、この拙文を書かせたと言えるでしょう。

わずか半年で何がわかるものか、と当時読んだ人たちの多くは思ったでしょう。たしかにそのとおりですが、未熟な駆け出しだからこそ見えるものもあったはずです。

以下、大本山總持寺に修行に入った頃、本山の機関誌「三松」に書いた論文を紹介してみます。

〈本山の教育上——これは宗門全般に言えることと思うが——最大の欠陥の一つは師家《しけ》と学人の真剣勝負の欠如にあると思う。

大学では、たくさんの学生を一堂に集めて教授が講義することを、「普通講義」といっている。個々人の研究には、それぞれに専門の教授が一言半句をゆるがせにせず直接に指導にあたる。

生死の大事を直指に徹見せんとする禅門においては、提唱や、講義くらいでは、初心の者には知的理解の一助にはなり得ても、果して人々の心根に、はっきりした決着を得るまでに到りえるであろうか。

学人たる者、正師家に全身心をもって投入し、従来の慮知《りよち》念覚《ねんかく》や知的分別を根底より叩き破られ、しぼり上げられて、自己の真実なる魂の叫びを吐き出すまでに、峻厳なる鉗鎚《けんつい》を受けねば、本物の鉄漢にはなれない。

また、師家たる者、学人の脚下を点検し、グングンと練り上げ、叩き上げて、絶後に蘇《よみがえ》らせるだけの力量を具さねばならない。かかる師家と学人の火花を散らす爐鞴《ろはい》の鉗鎚は、古来、入室参禅においてなされてきた。

道元禅師も如浄禅師に初めて相見した際、「和尚、大悲、外国遠方の小人、願わくは時候にかかわらず威儀不威儀を択ばず、頻々に方丈に上りて法要を拝問せんと思ふ。大慈大悲哀愍《あいみん》聴許したまへ」と、切願された。

これに対し如浄禅師は、「今より後は著衣衩衣《しやえ》を言わず昼夜参問すべし、我れ父子の無礼を恕するが如し」と申された。道元禅師は感泣して日夜に入室参禅弁道され、ついには身心脱落し、一生参学了畢《りようひつ》の証明を受けられたのである。

近年、宗門（曹洞宗）では、入室参禅を重視する禅風を待悟《たいご》禅《ぜん》、公案禅とむげに軽蔑して来たが、はたして反省の要はなかろうか。とくに初心の学人のために善巧方便《ぜんぎょうほうべん》を講じなかったら、宗門の将来が案ぜられる。一部の修行底の人（ほんとうの修行者）は別として、現在の曹洞禅の実情を、「居眠り禅」と言われて、いささかなりとも反駁《はんばく》の余地あれば幸いである。

宗門では「修証一如《しゅしょういちにょ》」とか「坐もまた禅、行もまた禅」ということがよく言われている。宗門の極致もここにあることを確信して疑わないが、宗門を衰頽《すいたい》に導くのも、この言であるように、私には思えてならない。

人間はとかく、自分の都合のよい論理をあてはめて、やすきにつく本性をもっている。観念や理屈が先走りして、「かくかくでなければならない」と思ってやることと、「こうである」という体験の叫びとの間には、天地の懸隔のあることを知らねばならない。

人々は言う、「七百年昔と現代では世の中はすっかり変わっている。山に入って坐禅ばかりしても、衆生済度はできるはずがない」と。

まことに然り。一般社会を啓蒙するジャーナリストや、中・小学校の教師も、それぞれにかけがえのない重要な使命を持っている。しかし、一応は社会に背を向けても、純粋に真理を探究して研究室に閉じこもる一部少数の学究者の目に見えざる力が、文化推進の源泉となっていることを忘れてはならない。

同様に一般大衆に説く布教者の責任も、益々重要である。しかし、いよいよ山に入り込んで仏祖《ぶっそ》的的《てきてき》の正法を身に行取《ぎょうしゅ》する一個《いっこ》半個《はんこ》の存在は、まことに不可欠である。これなくば、仏法は軽薄になる。うわすべりする。

真に自己を捨て切って、発菩提心せる正身結跏《しょうしんけっか》の端的は、「衆生無辺誓願度」の大悲願、円満成就の至純なる当体である。実際的活動は、この活作略である。

誤解を招く恐れがあるが、もっとはっきり言えば、宗教の究極は、「どれほど多くの人間を救うか」という実際的効果をねらうところにあるのではなく、どれほど自己を捨て切り、他のために空《くう》じ得るかという「心情」にあると、私は言いたい〉(引用は『〈いのち〉をほほ笑む』春秋社刊より。引用するにあたり読みにくい漢字にはルビを付し、また加筆したところがあります)。

昭和二十八年十月、二十六歳の時の文章です。気負いは目立ちますが、ここにある情熱は、九十歳に手が届きそうになった今でも基本的に変わりません。魂の安心《あんじん》を求めて遮二無二《しゃにむに》参禅したいという、その願いに、宗門の修行システムは応えてくれない失望感がありました。

さらにその半年後、同じ總持寺の「三松」誌に掲載された「叢林の現在と将来」と題した一文では、調子がいっそう激しくなっています。

〈宗門のかかる叢林教育の軽視と、叢林自体の貧弱化にはさまざまな原因もあろう。人天の眼目《がんもく》たる正師家の欠如も大きな理由にちがいない。だがその風潮の根底に、宗旨を安易に理解し、刻苦精進を等閑視する傾向のあることを指摘したい。

宗門の他宗に冠たる宗旨として、「只管打坐《しかんたざ》」とか、「不図作仏《ふとさぶつ》」とか、「本証の妙修」ということが強調されている。悟りを求めずに、「仏のかたより証せられる仏行」ともいわれている。

しかし、それらの宗旨も今ではたんに空虚なスローガン、看板と化し、真実に自己の魂の安心と厳しく対決されることがない。その美辞麗句に自らも瞞着《まんちゃく》され、他にも惰眠を勧誘し、「そのままでよい」と、高き宗旨に自己陶酔をしている。

これが宗門全体の実情であると喝破《かっぱ》したい〉
〈今、宗門では、「悟り」とか「大悟《たいご》」とかを口にすれば、非禅道あつかいにされる。「悟り」をタブー視（禁句）する風潮がある。
日常的分別智とは質的に異なる「悟り」の正しき仏知見がなければ、真の宗教とはいえない。宗教的行状がいかに立派でも、「悟り」による正しき安心なくしては、真の宗教人とはいいがたい〉
〈真実の鉄漢を打出《たしゅつ》するためには、現在の大本山とは別個な修行の根本道場を、早急に設置することが望ましい。ご開山以来の命脈を継ぐに足る、真の道人を育成するため、全宗門を挙げて理想的な道場を、今の大本山とは別の地に設立することが緊要なる課題である。私はこのことを声を大にして提言したい〉（以上、〈 〉内は、『〈いのち〉をほほ笑む』春秋社刊より。引用するにあたり読みにくい言葉にはルビを付しました）。
こうして昔の文章を読み返していると、あの頃の鬱勃《うつぼつ》とした思いがよみがえってきます。「生きるとはどういうことなのか」「どう生きたらいいのか」という、解決のつかない不安にとらえられて参禅に魂の安心を求めた私は、期待とは違う大本山の現状にぶつかり、相当にいらだっていたようです。情熱を持てあましていたと言うべきかもしれません。

そんな私の前に現れたのが、先に少し触れた井上義衍老師でした。

井上義衍老師に参ずる

浜松に井上義衍という老師がいて、だいぶ変わった和尚さんらしいぞ、という話はよく耳にしていました。宗門が認める師家資格もなく、専門僧堂（修行道場）でもない。にもかかわらず龍泉寺という小さな寺には、多くの参禅者が集まる、というのです。

ちょうど本山の修行に物足りなさを感じていたので興味がわきました。その義衍老師の禅会が東京のあるお寺で開かれると聞いて、私の師匠である玄宗禅師に許可をもらって出かけたのは、昭和二十九年のことだったと思います。

義衍老師は明治二十七年、広島の禅寺に生まれ、早くから禅の道に入られたようです。福井小浜の原田《はらだ》祖岳《そがく》老師《ろうし》、大阪高槻の飯田《いいだ》欓隠《とういん》老師《ろうし》らに参禅し、悟道した後は浜松の龍泉寺を拠点として各地で禅会を指導しながら、出家・在家を問わず多くの弟子を育てておられました。その禅風は、公案禅の原田老師に印可を受けながら、原田老師とは違って公案を用いず、かと言って公案禅を否定するのでもありません。どちらも同じで、結局は只管打坐に行きつくと考えておられたようです。やさしく柔和なお顔立ちですが、提唱の時など小さなお体に弾《はじ》けんばかりの気迫がこもりました。

はじめてお目にかかったのは、老師六十一歳の時であり、最も精力的に活動されていた時期だったでしょう。先に紹介した私の拙《つたな》い文からも、おそらく感じられたことと思いますが、私の思い上がりと増長はこの出会いで強烈なパンチを喰らわされ、鼻っ柱をポキンとへし折られました。

「これ、何ですか」に答えられない

私が井上義衍老師にはじめてお会いした時、老師はいきなり私の前に手を差し出されました。今もはっきりその場面を記憶していますが、右手の拳でした。

「これ、何ですか」

えっ……なんだ、そんなことか。

老師の問いかけに、浅はかにも私の頭に浮かんできたのは、次のようなことでした。

江戸時代の白隠禅師が発明した公案に、「隻手《せきしゅ》の音声《おんじょう》」という有名な難問があります。「片手に声あり、その声を聞け」。両手をポンと打ち合わせれば、音が出る。片手だけなら、はたしてどんな音がするか。それを聞いてこい――。

もちろん片手でポンはできません。したがって、普通に考えれば音は出ない。それが常識的な考えであり、そのために参禅者の頭脳は、常識的な答えと公案の間で引き裂かれ、ひたすら考え込むことになります。考えて、悩んで、徹底的に自分を追い込んで、今までの思考では、つまりこれまでの考え方や観念では、いかんともしがたくなった時に、豁然《かつねん》として新たな境地が開ける、というのが公案禅のねらうところです。

当時は、ひたすら坐る只管打坐の曹洞宗でも、渡邊玄宗禅師や原田祖岳老師のように臨済宗で長年修行し印可証明をもらった師家が多くいたようです。出家する前にお世話になった輪王寺でも、後堂の田辺哀山老師は公案禅であり、私も老師に参禅しました。

したがって、「隻手の音声」の公案ももちろん知っています。それどころか公案は、工夫坐禅を重ねるとだんだん勘所《かんどころ》がつかめてくる、どんな公案も落とし所は似たようなものじゃないか——と当時の私は考えていました。そんなふうに慢心していたのです。いずれ折られなければいけない鼻でした。

義衍老師へのはじめての参禅で問われて、私は「隻手」に関する確信を述べました。いえ、正しく言うと、述べようとしたのです。とたんに老師の声が遮りました。

「そうじゃない。これ何ですか」

あわてて別の答えを口にする。するとまた、「そうじゃない。これ。これ」「これ何ですか」。こうおっしゃって、手をひらひらさせるのです。何か言いかけると、「これ、何だ」が飛んできます。最後は万事休して、苦しまぎれに「それは手であって手ではない」みたいなことを答えたのかもしれません。「そうじゃない。これ何だ」が数回繰り返されると、もう手も足も出ませんでした。

グウの音《ね》も出なくなった私は、頭を垂れるしかありません。すごい人がいる。本物に出会えた。これこそ解脱した人だ、と直感しました。この老師の会下《えか》なら私も、「いよいよ山に入り込んで仏祖的的の正法を身に行取する一個半個」となれるのではないか。

義衍老師のもとに参学したい、と思いました。いったん思い込んでしまうと、じっとしてはおられないのです。さっそく玄宗禅師の許しを得て、大本山總持寺を下りて、まっすぐ浜松の龍泉寺に向かいました。

玄宗禅師のお側にいる人からは、「裏切り」と批難されたのを耳にしました。禅師ご自身は弟子を他流試合に行かせるようなお気持ちだったようです。このようにして總持寺を出たのが昭和三十年、二十八歳の時でした。それから昭和三十七年まで八年にも及ぶ長い「放浪」の始まりでした。本山を飛び出して、当時は異端の巣窟《そうくつ》とも見られていた寺へ行ってしまった弟子を禅師はどんなふうにお考えになったでしょう。總持寺を離れた翌年、玄宗禅師から宮城県の母のもとに慰めの手紙が届いています。

悟りを求めて放浪生活

浜松の龍泉寺、井上義衍老師のもとでの修行生活がどのようなものであったか。もう遠い昔のことになりましたが、その様子を思い出しながら書いてみましょう。

あの頃の義衍老師には、まだ宗門が認める師家の資格はありませんでした。したがって、龍泉寺は道場としても正式に認められておらず、そこでいかに長く参禅しても、たとえば住職になるための資格を得るのに必要な安居《あんご》年数（道場での修行年数）には算入されません。ひと言で言えば、大悟・解脱を真剣に求めんとする修行僧だけが集まっていたのです。

先に紹介した拙文にもあったように、その頃の宗門には、「悟りを求めず、ただ坐るのが曹洞宗の坐禅である」「ただ坐っていればいい」という風潮が強く、それにあきたらない修行僧が老師の指導を求めてやって来ていたのです。

ですから、いろいろな人がいました。在家の人もいて年齢もさまざまでした。入れ替わりはありましたが、私のいた昭和三十年代の龍泉寺には、常時十人前後の修行僧が集まっていました。いわば無認可の道場に参師聞法するのですから、それまで修行していた寺を飛び出したり、破門同然になったりした人たちばかりです。福井県小浜市にある発心寺《ほっしんじ》からも、なかば破門状態で来ている人たちが五、六人はいたでしょうか。後の発心寺堂長で、總持寺西堂を務められた*原田雪溪《はらだせっけい》老師《し》も大先輩でした。

専門僧堂ではないので龍泉寺には、雲水たちが修行生活するための施設がありません。あの頃はまだ檀家が少なく、老師の禅風を慕って勝手に寄ってきた者まで養う余裕などなかったのは当然です。みんな義衍老師のもとで参学したい一心で集まっていました。

仲間の一人がしみじみと、「おれたちは落ち武者だなあ」と言ったことがあります。まさに落ち武者、悪く言うと乞食坊主でした。雨露をしのぎ、坐れる場所を探して転々としました。いちばん長かったのは龍泉寺の近くにあった黄檗宗《おうばくしゅう》の実性寺《じっしょうじ》という、空き寺の小さなお堂で、そこに五人ぐらいが住みつきました。

むろん電気も通っていません。夜は、誰がどこで見つけてきたのかアルコールランプを灯《とも》しての生活です。トイレは、外の掘っ立て小屋に筵《むしろ》をかけたもの。水道もなく、山から流れる水をためて煮炊きしました。もちろんガスや薪《まき》はありません。石油ストーブの上に鍋を置いてご飯を炊く。また別のお寺の観音堂を借りて、そこで独居した際も畳一畳ぐらいの狭いお堂に、石油ストーブだけを持ち込み、そこで坐禅と托鉢の生活をした頃もあります。

ご飯は百パーセントの麦飯です。そういえば、こんなことがありました。ある日、鍋蓋《なべぶた》を開けるとゲンゴロウともコオロギともつかない昆虫がササッと隠れます。捕まえて仲間に「これは何だ」と聞くと、「ゴキブリと言って極めて不潔な生きものである」と言うので、それ以降は蓋をしっかり閉めるようになりました。何をおかずに食べたのでしょう。思い出そうとしても浮かんできません。

すべて托鉢で賄っていましたから、当然、食べる物もろくになかったのです。そのうえ専門僧堂の周辺とは違って托鉢に慣れていない土地柄なので、施しをいただくことは、それほど多くはありませんでした。

坐禅をし、眠り、托鉢に歩くだけの毎日です。ある時は、浜松から汽車で二駅ほど離れた袋井の龍巣院《りゅうそういん》というお寺の坐禅堂を借りました。後に、そのお寺は蒼《そう》竜窟《りゅうくつ》と名付けられることになります。また、原田雪溪老師が住職をされていた三重県の山奥、檀家もあまりないお寺で、一年ほど参禅していたこともありました。昭和三十四年頃のことでしょうか。皇太子と美智子妃のご婚礼があり、龍泉寺の信者さんのお宅でテレビ中継を見せてもらおうと、五、六キロもある道のりを下駄ばきで見に行ったこともありました。

そんな耐乏生活、修行専一の数年間でしたが、少しもつらくありませんでした。つらいとか楽しいとか、そんなことを思う暇もないほど時間さえあれば坐禅していました。

誰かに強制されたわけでもありません。つらければ、いつでもやめられます。警策《きょうさく》を持った先輩もいないので、横になりたければ、いつでも勝手に横になれます。しかし自ら求めるもの、期するものがあるので、みんな真剣そのものでした。ですから大勢いても口げんか一つありませんでした。それぞれがそれぞれの参究に没頭していたのです。

たぶん周りからは、乞食坊主の集団と思われたでしょう。たしかに托鉢でいただけるものだけが唯一の生活の糧《かて》でした。

目指すべき目標があれば、どんな状況におかれても人は卑屈になりません。貧しくても胸を張って、凜《りん》としていられます。むしろプライドさえもっていました。

あの頃の仲間は、その後どうしたでしょうか。すでに亡くなっている人が多いようです。消息不明になったままの人もいます。今、生きながらえているとわかっているのは、福井県小浜市の発心寺住職・原田雪溪老師と私ぐらいでしょうか。あの当時を今、振り返ってみると、よくぞ一途にがんばっていたものだと目頭が熱くなります。若い情熱だったのでしょうか。

もう少し後のことですが、總持寺を退董された渡邊玄宗禅師は、能登の總持寺祖院に隠退されます。私が浜松で修行していたある日、玄宗禅師から一通の毛筆のお手紙が届きました。「あなたは、いつまで雲水生活をしているのか」というご親書でした。

禅師も老齢になっておられたので、いつまでもよそで修行しているなら見切りをつけるぞ、今のうちなら入るべきお寺を世話してあげるのだが、という意味が込められたお手紙でした。私はその日のうちに荷物を整え、翌日には玄宗禅師がいらっしゃる能登半島門前の祖院に向かいました。それからは、總持寺祖院の一修行僧として励むことになります。

それでもときどき、能登から静岡県浜松の義衍老師のもとに参禅し続けておりました。

そんな弟子に対して禅師はどんなお気持ちだったのでしょう。そのことを思うと今も胸が疼《うず》きます。

ただ、こんなことがありました。浜松の龍泉寺、義衍老師のもとで一緒だった修行僧が能登輪島の祖院に私を訪ねて来た時、宗門内では外道視されがちだった私の修行仲間を、玄宗禅師が「興宗さんの先輩」と呼んで、礼を尽くして迎えてくださいました。まるで故郷の母が、息子の友人にそうするように。

＊原田雪溪（一九二六〜）　愛知県岡崎市生まれ。明治大学卒業。発心寺の原田雪水師、龍泉寺の井上義衍師に参禅する。大本山總持寺西堂、ヨーロッパ国際布教総監を歴任。発心寺僧堂堂頭。海外からの参禅者を積極的に受け入れるとともに欧米でも参禅会を開く。著書に『禅に生きる　行雲流水のごとくに』など。

無重力の人

井上義衍老師はよく「公案は柿の木を揺さぶって、まだ青いうちに実を落とし、落としてから熟させる」という話をしながら次のようにおっしゃられました。

「柿の木についたままゆっくりと熟させるのと同じように、無理をせずに悟らせていくやり方がある」。これが義衍老師の仏法でした。

この柿の話については、もっと後でもう一度、触れる機会があるでしょう。

結局、私には二人の師がいることになります。僧として、対照的なお二人だったと思います。渡邊玄宗禅師は、最後まで肉食妻帯を遠ざけた「潔癖清廉の僧」でした。他方、家庭をもち五人のお子さんを育てられた井上義衍老師のほうは、いわば「普通の僧」です。若い時は激しい修行をされたようです。それがごく普通の、あたりまえの人になられた。解脱や悟りと言うと何か高尚で高級なことのように聞こえますが、それを微塵も感じさせない。でも、どこかが違っている。禅門ではよく次のように言います。「底が抜けた」。そんな言い方が近いかもしれません。重さというものがなく、無重力の中にいる人のように思えました。

大悟した人とはこういう人のことか、と自然に納得できました。ですから私が感じた魅力というのも、人格とか性格という人間的なレベルのことではありません。その人のあり方、その仏法が、それまで接してきた世界にはないものだったのです。

もし義衍老師にお目にかからなかったら、私はどうなっていただろうかと思うことがあります。坊さんらしい坊さんになって終わっていたかもしれません。そうなれば曹洞宗の管長になるにしても、もう少しましな、立派な管長になっていたでしょう。立派なお坊さんと尊敬されるような僧になっていたかもしれません。義衍老師にお目にかかったおかげで「ぐうたら和尚」のままで笑って人生を送れるようになりました。

赤ちゃんの産声を聞きながら

曹洞宗には、お釈迦さまから代々「法」を受け継ぐ「嗣法」という儀式があります。玄宗禅師はすでにご高齢であったので、私は禅師の一番弟子の松本《まつもと》龍潭《りゅうたん》老《ろう》師《し》に嗣法することになりました。私が出家して一年半後の昭和二十九年十一月のことでした。そうしたことから私は、渡邊玄宗禅師の孫弟子ということになります。

龍潭老師は、富山市の光厳寺の住職を務めておられました。玄宗禅師同様、妻帯をされず肉食もなさらず、魚、ニラ、ニンニクなどいっさい口にされません。食事もご自分で作られるのです。無口で書物を読むのが好きな、学者のような老師さまでした。ラジオも聞かずテレビもない生活でした。

井上義衍老師のもとで参禅するようになってからは、お盆と正月に光厳寺に帰って龍潭老師の手伝いをしておりました。お寺の隣は産婦人科の病院で、私が夜、二階の部屋で坐禅をしていると、「オギャー」と生命がこの世に誕生する声を耳にし、さらには「おお！」と出産を見守る人たちがあげる歓声を何度も聞いたことがあります。

富山県から静岡県の義衍老師のもとに通う私を龍潭老師は「おもしろいやつ」と思われていたようです。「将来は、坊さんを指導するような人間になるだろう」と檀家の人に語られたそうです。

能登の祖院で玄宗禅師にお仕えしていた昭和三十七年、松本龍潭老師が金沢の大乗寺に住職として昇住することになり、私も龍潭老師の身のまわりのお世話をする小僧としてお伴《とも》することになりました。

その大乗寺に入ってまもなく、福井県武生市（現・越前市）の瑞洞院《ずいとういん》住職の話が私のもとに届きました。

瑞洞院の鐘の音は……

瑞洞院は、御誕生寺と同じ福井県越前市にあるこぢんまりとしたお寺です。檀家も五十軒ほどです。山寺と言っていいかもしれません。開創は意外に古く、伝えられるところでは竹香舜可《ちくこうしゅんか》という高僧によって開山されたのが、室町時代の文明五年（一四七三年）とされています。今あるお堂は江戸中期のものを明治になって改修したもので、時の波に洗われた古木のような趣のある寺です。

昭和三十七年（一九六二年）当時、瑞洞院は正住職のいないお寺で、私がご縁あって住職を務めることになりました。二年後の昭和三十九年に晋山式《しんさんしき》を行いました。その日は、東京オリンピックの開会式の日でした。母は、放浪者も同然だった息子がようやく落ち着き、一人前の坊さんになることがよほどうれしかったに違いありません。お祝いに梵鐘を贈ろうと言い出しました。梵鐘などは大勢の信者さんが少しずつお金を出し合って寄贈してくれるからこそ意義があるのだ、と忠告してくれる人がありました。結局、檀家の皆さんにも協力をお願いして立派な釣り鐘が完成しました。

小さいお寺ですが、順調な船出に思えました。

しかし「塞翁《さいおう》が馬《うま》」の教訓どおり、この幸いが災いのタネになるのです。安住の地を見つけて落ち着いた私ですが、雲水時代の厳しい修行生活の間は心の奥に引っ込んでいた怠惰な心が、また頭をもたげてきました。気を抜くと怠けの虫がすぐ出てくるのが、私の本性と言えるかもしれません。

人は誰でも、変えようにもなかなか変えられない自分なりの本性を抱えているのではないでしょうか。瑞洞院の住職になって二カ月もすると、もうそれが顔を出しはじめました。生活がだらしなくなり、再び学生時代同様、万年布団の生活に転落。独り暮らしですから歯止めがありません。

月に一度は浜松の義衍老師の坐禅会に通っていましたが、瑞洞院住職になってからの私は、寝食も忘れて精進していた頃とは別人のようになってしまいました。

それに抵抗しようとする思いで梵鐘を造ってもらおう、と思ったのです。ぐうたらな私自身に対する危惧《きぐ》の表れです。鐘があれば定まった時間につくことになります。朝五時なら五時という決まった時間には起床しなければなりません。自分自身を戒めるための鐘造りでした。

さらに、檀家さんからの思いもよらない提案がありました。「釣り鐘を造るなら鐘楼堂も建てましょう」。これまた、とてもありがたい話なのですが、心の中では「しまった！」と思っていました。

鐘楼堂があったら外に出て、そこまで鐘をつきに行かなければなりません。雪でも降ったら大変です。北陸地方を襲った「サンパチ豪雪」（昭和三十八年の豪雪）では、このあたりでも相当な被害が出ました。雪の降る中を毎朝、鐘楼堂まで歩くことを思うと、ありがたさも急速にしぼんでいくのでした。

そこで本堂の横に梵鐘を吊り、外に出なくてもゴーンとつけるようにしたのです。ものぐさ坊主の知恵も、ここまで徹底するとなかなか見事なものです。

しかし、喜んでゴーンと打っていたのは一カ月ぐらいでした。朝五時に起きてゴーンと打って、それからもう一度、布団に入ることをおぼえました。二度寝です。ところが、田舎の人はめっぽう朝が早いのです。朝飯前の仕事の帰りに、野菜などを持ってきてくれます。「和尚さん、おはよう」と声をかけられて、寝ていては申し開きできません。そこで、いつ呼ばれてもいいように、法衣を着けたまま寝ることを考えつきました。

悪知恵はすぐ出るものです。坐禅修行を続けてきたつもりでも、こんな人間だったのかと悲しくなりました。

「道標」を配って歩く

瑞洞院での私は、四六時中ずぼらを決め込んでいたわけではありません。毎月、日にちを決めて一人で近郷を托鉢して回りました。ただ歩くだけではもったいない、と喜捨していただくことへのお礼の意味も込めて、折々の感慨や所感を紙片に印刷し、「道標《みちしるべ》」と題して歩く道々、家ごとに配布しました。

瑞洞院から金沢の大乗寺に転住してからは、表題を「大乗寺だより」に変え、僧堂の修行僧たちと一緒に托鉢しながら配りました。總持寺を辞して御誕生寺に移ってからは、「御誕生寺だより」として托鉢しながら一軒ごとに配っています。

瑞洞院時代、たった一人の托鉢で配った「道標」の一つを紹介してみましょう。書きしたためたのは、昭和四十五年二月となっています。

〈みなさん!!

猫がノイローゼになって悩んでいることを聞いたことがありますか。

犬がくよくよ心配ごとをして自殺したのを見たことがありますか。

私の寺で飼っているネービィという犬は、生まれつき体の具合がわるく、よその犬にいじめられ一緒に遊んでもらえません。また女の犬にはいつもふられて帰ってきます。これを見ている飼い主の私は、かわいそうにと心をいためて苦しんでいます。ところがネービィ自身は、とくに悲観したり煩悶《はんもん》したりしているようにも見うけられません。

人間だけですね、つまらんことで思いなやんで青い顔しているのは。山川草木どこを見まわしても迷っているものはありません。迷っているのは自分だけです。しかも勝手に自分の頭の中だけで迷っているのです。

人間はなまじっか知性があるばかりに、他人と見くらべたり、あとさきを考えたり取り越し苦労をしているのです。考えても仕方ないと知りつつもグチグチ考えすぎて、思いわずらうのです。言うなれば頭の中でメタンガスを発生させているようなものです。（中略）「生きがい」や「しあわせ」を、頭の中で考えるくせがついてしまった。これがガス発生のもとになるのです。頭をカラにしてさわやかにしておくことが先決です。頭の中をいつも風通しよくさえしておけば、自然に自分の生活や仕事に没入していくようになっているのです。そして夜はぐっすりねむり、いつも健全にすばらしい働きをするようになります。

ここにはじめて、生きがいを、からだで実感されてきます。これが生きるしあわせと言うものです。

このことを実際に修行し、ほんとに証明する道が坐禅であります。坐禅とはドッカと腰のすわりを安定し、背すじをキチンとのばす。そして身体からも頭からもすべて力をぬいてゆったりと坐わる。こうしているだけで不思議に身も心も自然に風通しよく、なごやかになります。そしてからだ全体に充実感がみなぎってきます。

みなさん!!

うそか、ほんとか実際に坐禅をやってみませんか。

風鈴《ふうれい》の虚空《こくう》に懸《かか》って四方《よも》の風を問《と》わざるが

ごとくなるは、これ道人《どうにん》の風標《ふうひょう》なり。

――瑩山禅師《けいざんぜんじ》――

(引用は『良寛さんと道元禅師』光雲社刊より。引用するにあたり一部書き換えた箇所があります)。

瑞洞院には結局、三十五歳から五十四歳まで二十年近く住職をしたことになります。私が住職をしたお寺のうちでは、いちばん長く務めさせてもらいました。その間には、いろいろなことがありました。一つ一つの出来事に思いが尽きません。長くなってしまいそうなので、簡潔にまとめてみました。

瑞洞院住職になってまもない昭和三十八年十二月九日、渡邊玄宗禅師が能登の祖院にて遷化されました。九十五歳でした。

その玄宗禅師が身をもって示された「戒」を破り、浜松の義衍老師の禅会で知り合った女性と結婚したのも、この時期です。

その結婚の時、お互いに約束したことは、家庭をつくらないということです。頭髪は剃らないが尼僧のつもりで清貧に生きてほしい、と願いました。妻は現在に至るまで協力してくれております。二人で生活したのは一年間でした。私は大乗寺住職、大本山總持寺貫首、それから現在の御誕生寺と転住しました。妻は現在も私が建てた私宅で暮らしをしておりますが、一度も不平をもらしたことはありません。俳句や茶道などに親しんでいるようです。私も朝と夜に電話してご機嫌うかがいしております。着替えや洗濯物を持ってときどき妻の住居まで行くことがありますが、泊まり込んだことは、この二十年以上、一度もありません。申し訳ないと思うと同時に心から深く感謝している次第です。

それから、弟子をもつようになり得度や嗣法を行うようになりました。最初に行った得度式は、昭和四十五年三月の今村源宗さんです。源宗さんは、後にヨーロッパ布教統監になり、欧州に六十カ所ある禅センターの統括者としてイタリア、フランスなどで活動しましたが、帰国して總持寺祖院専門僧堂の監院を務めました。その源宗さん以降、七十人ほどの得度の師となりました。得度とは、僧となることに決意を固めた人が頭を剃り、名実ともに僧籍に入ることです。そのうち女性が髪を落とし尼僧となった者は二十人ほどおり、それぞれに活躍しております。

昭和四十八年九月二十四日には、大乗寺住職・松本龍潭老師がご遷化されました。

第四章

騰騰《とうとう》として天真に任す

再び修行僧として上山

石川県金沢市の郊外にある野田山には、加賀百万石前田家の墓所があり、今は戦歿者《せんぼつしゃ》墓地や市民墓地にもなっており、お盆やお彼岸の頃にはお参りの人で賑わいます。そんな野田山の一角にあるのが曹洞宗の名刹、大乗寺です。

ご開山は、道元禅師の直弟子で、永平寺三世である徹通義介《てつつうぎかいぜんじ》禅師（一二一九～一三〇九）。その跡を継いで大乗寺第二世になったのが徹通禅師の弟子であり、後に大本山總持寺を開創することになる瑩山紹瑾禅師です。

永平寺三世の徹通禅師、曹洞宗太祖の瑩山禅師が基礎を据えた歴史からすれば、曹洞宗の名刹中の名刹と言える大乗寺です。また、渡邊玄宗禅師のように大乗寺住職から大本山總持寺貫首に上られた方もいます。

その大乗寺七十世の住職に私が就任したのは、昭和五十六年（一九八一年）十月十九日、五十四歳の時でした。瑞洞院という檀家数も五十軒の小さな山寺の和尚が、大乗寺という歴史のある寺の住職になったのですから、そこにはやはりそれなりの経緯があったのです。

その経緯について、簡単に触れておきます。

前章でも書きましたが、何ものにも煩わされない瑞洞院の生活は、ある意味で快適そのものでした。けれどのんびりした時間の中で、緊張を持続するのは困難です。縷々《るる》述べてきたように怠け者の私は、気を抜くとたちまちぐうたらに流れてしまいます。結局、私には一人だけの修行は無理だと見切りをつけました。一人では一日一、二時間の坐禅さえ満足にできません。

それで、ずるいことを考えました。「二人なら坐るだろう」と理屈をつけて、浜松の義衍老師の禅会に来ていた女性と結婚したのです。そこで、一緒になって二人で坐ったかというと、そんなことはほとんどありません。坐禅どころか、にぎやかに言い合いをすることが多くなりました。

それはともかく、ふがいない瑞洞院の日常を断ち切って、規律ある生活を取り戻したいと考えました。二十年前、新到《しんとう》（新参の僧）として修行した總持寺の僧堂生活が懐かしく思い出されます。何より修行道場には修行僧が大勢います。そこに交じって、あらためて一から一緒に励もうと考えたのです。妻も快く理解してくれたので、大本山總持寺に一修行僧として上山しました。

そしてまもなく、總持寺の修行僧の指導役である講師に任命されました。翌年には単頭を拝命。昭和五十五年になると、玄宗禅師と過ごした能登の總持寺祖院の副監院になり、さらに祖院後堂職に任じられました。

そうこうするうち昭和五十六年に、大乗寺七十世のお鉢が回ってきた、というのがこの間の経緯なのです。

撃竹の響き

こうして振り返ると瑞洞院での「雌伏の時⁉」を経て、總持寺の講師となって以降、時が来たとばかり宗門内の階梯を順調に上って行ったように見えるかもしれません。実際、順調な出世と言えるでしょう。しかしそれは自己探究の仏道修行とは、何の関係もない世界の話です。私の心には、まだ充《み》たされないものがありました。

大悟・解脱を求める思いが、昔と同じように燃えていました。特に井上義衍老師から、まだ印可証明を頂戴していません。

大乗寺住職になる前年（昭和五十五年）、兼務住職をしていた瑞洞院の「道標」に一つの文を書きました。今あらためて読んでみると、無意識のうちに自分の心境が投影されており、当時の私の気持ちが、知らないうちに漏れ出ているのかもしれません。

〈今から千年ほど昔、中国に香厳《きょうげん》という修行僧がおりました。師匠の霊祐禅師《れいゆうぜんじ》は、この聡明でまじめな青年僧を、なんとかほんものの坊さんに仕上げようと思い、一つの問題をぶっつけました。

「お前さんが両親から生まれ落ちる以前の、本当の自己とは一体どういうものか。ずばり一言でいってみよ」

利発な香厳和尚は、なんのためらいもなく、すらすら答えました。ところが霊

祐禅師は、

「それは本に書いてある答えだ」

「それはお前さんの頭で考えた自己だ」

「それはヘリクツだ。本当のお前さん自身を、まる出しにしてみよ」

と、どのような返答をもきびしく拒否し、叱りつけるだけでした。


学識ある香厳和尚も、すっかり弱りはて、どうか教えて下さい、と泣きついて頼みました。ところが、さすが当代きっての禅匠、潙山《いさん》の霊祐禅師であります。

「説くことはやさしいが、それはお前さんの悟りには、なんの役にもたたない。いま教えてしまっては、後でこの師匠をうらむ時があるであろう」

と言って、あくまでも頑固に突っぱねつづけました。


真実の道は、今まで学んだ経本や参考書では、らちがあかないことを知った香厳は、

「書籍は絵にかいた餅のようなものだ。これでは腹はふくれない」

と言って、多年勉学した書物類を全部焼きはらってしまいました。それからも、

どんなに頑張ってみても解決の道が開けません。

「もうこれ以上修行することは、あきらめよう。精魂つきた。平々凡々な坊さんとして暮らし、生まれ変わったら来世《らいせ》において悟りをひらこう……」

かくして、泣く泣く霊祐禅師のもとを去った香厳は、墓守りとして一生終わろうと思い、小さな草庵をたてて、清掃に明け暮れる、静かな日々を送っていました。

人はとかく、一つの目標に向かって努力し、それが達せられないと、ヤケくそになったり、すぐ目先の変わったことに方向転換しがちなものであります。

ところが香厳和尚はちがいます。修行に挫折《ざせつ》したようでも、ほんとの生き方を求める心のともしびは消えることはありませんでした。大切な修行を断念したことにより、かえって自分の強がりや、我見《がけん》が消え、うぶですなおな心になっていたのです。悟ろうとすることも忘れて「無我《むが》」の人になっていたのでしょう。

何年か過ぎ、いつものように竹箒《たけぼうき》で掃除していたとき、たまたま掃きすてた小石が竹に、カチッ!!とあたったのです。そのとたん、「あッ!!」と驚きの声をあげ、まるで桶《おけ》の底が脱《ぬ》けたように、すべてが一瞬のうちに解決してしまいました。

本来の自己に気がついた香厳和尚は、すぐに沐浴斎戒《もくよくさいかい》して威儀をただし、香をたき、はるか潙山《いさん》の霊祐禅師の方向に向かって礼拝《らいはい》し、

「恩師の大恩は父母の恩にもまさる。あの時、私に答えを教えて下さったら、今日の喜びは体験できなかったでしょう」

と、感激の涙にむせんだということであります。

その後、禅僧として殺活自在《せっかつじざい》の力量《りきりょう》を発揮し、いくたのすぐれた門弟を鍛え上げました。そして、千年後の今日まで、禅門では誰一人知らぬもののない、香厳《きょうげん》志閑禅師《しかんぜんじ》として、歴史に名をとどめる大禅匠になられたのであります。

何事も、一つのことを辛抱《しんぼう》してやり遂《と》げたところに、感動をおぼえます。そこにほんものの深い味わいがにじみ出るものです。

快楽することが幸福であるように思っている生活には、心をゆさぶる感激は湧きません。倦怠《けんたい》があるだけです。

生き甲斐とは毎日のごくありふれた生活に感動する心です。人物にせよ、もの

にせよ、ほんものは、ふれれば、ふれるほど心が高められます。ほんものだけが後世に輝き、人々に感銘を与えます。

道《どう》は貧《ひん》にあり　　――道元禅師――〉

（引用は『良寛さんと道元禅師』光雲社刊より。引用するにあたり加筆や削除をした箇所があります）。

私がこの文章を書いた翌年、井上義衍老師が八十八歳でご遷化されました。遺偈《ゆいげ》は、「虚空打空　幾百億年　好天好天　我行脚日」でした。

虚空空を打す
幾百億年
好天好天
我が行脚の日

心の声に従う

再び修行を志し大本山總持寺に上山してから大乗寺の住職になるまでの間に、進路に迷うこともありました。

私が總持寺で役職を務め任期の四年を過ぎた時、仙台にある曹洞宗立の大学で坐禅を指導しないかという誘いを受けました。声をかけてくださったのは、駒澤大学の姉妹校である東北福祉大学の学長だった大久保道舟《おおくぼどうしゅう》先生です。その頃、同時に能登の總持寺祖院の役職に就かないか、というお勧めもあったのです。

私としては故郷に帰ることは魅力でした。多賀城には年老いた母がいます。学校時代の懐かしい友も大勢います。一方、能登は気持ちのうえでは遠い所にありました。

どちらを選んだらいいか、ずいぶん迷いました。

一人で坐禅をして考えていると、「能登へ行くべきだ」という心の叫びが聞こえてくるのです。「心の叫び」は、決して比喩ではありません。もっと後になって坐禅が脳に及ぼす影響に興味をもち、大脳生理学の本を読んだり、脳科学の研究者に話を聞いたりして勉強しましたが、「心の声」とか「直観」「ひらめき」などといわれるものは、科学的根拠があるようです。

坐禅をして「考える」ことをしなくなると、左脳の活動が抑制され、いろいろな雑音が遠ざかり、右脳からの「本心」が聞こえてくると言われています。

その時、私の左脳は、「ふるさと仙台の大学の先生も悪くないな」とか、あるいは、「学生時代の彼女は今どうしているだろう」などという雑音も交じっていたことも事実でしょう。

けれど右脳の声は、ひたすら能登へ行くことを私にささやきます。

大きな決断をしなければならない場合は、右脳の声を聞くのがいいのです。左脳の計算ずくでは、失敗すれば、計算をまちがえたことになり、きっと後悔するでしょう。右脳による決断で「自分はこうしたい」という心の声に従えば、もし失敗しても愚痴ったり後悔することはないと思います。

ふるさとの宮城県に帰ればいいのか。それとも石川県の能登に行ったほうがいいのか。坐禅を続けて雑念を鎮め、能登に行くことを決めました。

ずっと後年、大本山の住職や曹洞宗の管長職を辞して福井の田舎にこもり、御誕生寺という小さな修行寺をつくろう、と決めた際も右脳の声に従いました。もちろん、坐禅をしながらの決断でした。

古道場大乗寺を復活したい

能登の總持寺祖院で、副監院と後堂を務めたのは一年ぐらいだったでしょうか。その後、金沢大乗寺の住持職に就くことになりました。瑞洞院の住職になって十九年目の秋、十月のことでした。

大乗寺には、昭和五十六年（一九八一年）から平成九年（一九九七年）、年齢にして五十四歳から七十一歳まで十七年の月日を送ったことになります。いろいろな思い出がありますが、最もやりがいのあった仕事は、「古道場大乗寺」の再建でした。

最初は修行僧も二人だけでした。私の弟子がたに声をかけて呼んだりもしましたが、なかなか増えません。住職が先頭に立って坐禅や作務、また托鉢もしているうちに、自然に修行僧も増え、しかも二十一年ぶりに正式な修行道場の認可を受けるまでになりました。私が大本山總持寺貫首として大乗寺を離れる際には、数十人の修行僧になっていました。

そんな時、映画撮影に大乗寺を使わせてほしいという話がありました。『ファンシイダンス』（周防正行監督、本木雅弘主演）という映画でした。

家業の寺を継ぐためにバブル時代の現代っ子が禅寺に入り、体験する修行生活をおもしろおかしく、おふざけで描いたものです。修行の場だから映画撮影の場に貸すべきでないという意見もありました。しかし映画にせよ、僧堂というものがあって、修行に励む若者がいることを一般の人に知ってもらう、いい機会ですから撮影を許しました。完成した映画を見ると坐禅堂でおならをしたり、修行僧が「住職」という〝業界誌〟を持って踊ったりと、呆気《あっけ》にとられる場面も多々ありましたが、全体的にはまじめな映画だったという印象です。大乗寺の修行僧も脇役で出演させられました。

映画には、単に宗門の住職資格取得のために叢林に入る者が多くなった現実も描かれていました。受け入れる修行寺も世間の要望にそって規律をゆるめ、速成的に坊さんを育てるようになっています。

修行寺は元来、世俗を超越した人を打出する場所です。本来の自己のあり方を究明し、魂の安心を得るために、黙々とおのれ（己）を見つめる修行の道場であるはずです。それが今では、坊さんを育てる職業訓練所か専門学校的な性格が強くなってしまいました。

これはお寺の住持職が、親が子を次の住職にする世襲化の傾向になっているかぎり、簡単に解決できる問題ではありません。

宗門人自身が仏道の本質を見失っていないか――そんな危機感をもって、あの映画をじっくり鑑賞したなら、反省させられることが多いでしょう。

禅寺の春

昔から、禅の道場のことを「叢林」「禅林」「学林」と言います。おもしろいことに、どれにも「林」という字がついています。何千年か前のインドでは、林は求道者の集まる、修行の場所だったからでしょうか。それとも多くの修行僧が、良き指導者を中心に和合し、お互いに修行を助け合い、みんなそろってすくすくと伸びていく林のイメージ。そこから「叢林」と呼んだ気もします。

そう考えていたら、おもしろいことに気づきました。林の中では、一本だけ横に伸びようとしても伸びられない。今日は眠いからと、みんなが凜と背筋を伸ばして坐禅している中で、一人だけ横になるわけにはいきません。

叢林では寝ても覚めても、上下、心を一つにし、規律に従って、一斉に行動することが至上命令です。三三五五などという光景は、叢林にはありません。

また、大きな桶の中に入れられた芋の子のようなものです。桶の中でゴシゴシもまれているうちに泥が落ち、皮が剝《む》けて、自分でも知らないうちに、肌の白い芋の子に洗い清められている。道元禅師のお言葉どおり「大衆《だいしゅ》もし坐すれば衆にしたがって坐し、大衆もし臥すれば衆にしたがって臥す。動静《どうじょう》、大衆に一如《いちにょ》し、群を抜けては益なし」です。

　ここにこそ修行の意味があることを、あらためて心に刻み込みたいと思います。自坊の瑞洞院で一、二時間の坐禅も満足にできず、ずぼらに流れてしまう生活から抜け出すために、總持寺での二度目の修行生活に入りました。やがて不思議なご縁で「修行の大乗寺」の住職になる縁に恵まれました。今度こそ雲水たちの威神力《いじんりき》にすがり、修行に打ち込むのにふさわしい環境です。可能なかぎり修行僧と一緒に坐り、共に作務に汗を流し、一緒に列をつくって托鉢に回りました。年齢も考えず、無理をしすぎたのでしょうか。心筋梗塞で入院生活をすることになるのです。

　その頃の様子を知っていただくのに、「北國新聞」の人生欄（昭和五十八年一月五日）に寄せた「禅寺の春」という文章があるので、それを抜粋してみましょう。

〈一般の禅寺の新年は、除夜の鐘つきでにぎわっている頃から、国家の安泰と人々の健康と、しあわせを祈願する勤行《ごんぎょう》がはじまる。真夜中の寒ざむとした広い御本堂で、灯明のゆらぐ中での読経は格別おごそかで、参けい人に「ことしも元気でがんばります」と、すがすがしい勇気を与えるにちがいない。

しかし、修行道場の正月気分は、お餅を食べるのがせいぜいで、暁天《きょうてん》の坐禅、朝の勤行、内外の清掃などの日課は、平常の生活と変わらない。それどころか、正月六日の寒の入りとともに寒托鉢《かんたくはつ》がはじまる。雪の日も、雨の日も、節分までの一カ月間、わらじばきで手足を赤くかじかませながら、家々の戸口に立って読経し托鉢してまわる。これはどう考えても楽しい修行とは言えない。古人《こじん》がやってきたことだから、理屈ぬきに実行するだけである。（略）

白雪にうずもれ、寒風吹きすさぶ寺の中は、ガランとして暖気もなければ、寂《じゃく》として人の気配も感じられない。しかし、荒れ果てたみすぼらしい寂《さび》しさとはちがう。世間の人が胸のうちにもんもんと苦悩を抱いて来ても、境内に踏み込んだだけで洗い清められるような風景である。
そこには、人に語らずとも毎日早朝から坐禅堂に冷座し、読経し、清掃し、一汁一菜に耐えている凜《りん》とした禅の生活がある。何百年来、幾多の修行僧がぞうきんがけをした黒びかりする気品がある。（略）
正月になれば正月なりに、盆になれば盆なりに、雨の日は雨の日なりに、雪の日は雪の日なりに、すんなり順応して単調な生活を愚直《ぐちょく》に行じてゆきたい。これが殺風景な禅寺に春を迎えての、私の精いっぱいの願望である。
萬両《まんりょう》や禅寺《ぜんでら》の色ここに凝《こ》る　美作〉
（引用は『良寛さんと道元禅師』光雲社刊より。引用するにあたり読みにくい漢字にはルビを付し、文章を一部書き換えました）。

大本山總持寺へ上る

曹洞宗には、大本山永平寺と大本山總持寺の二大本山があります。その大本山總持寺の顧問会で私が副貫首に選ばれたのは、平成九年十月のことでした。曹洞宗の場合、本山の副貫首は、貫首が逝去したり、辞任したりしたときには自動的に貫首に昇格する責任の重い立場です。

その副貫首に就任してまもない翌年、平成十年（一九九八年）の一月に、独住二十二世貫首・成田《なりた》芳髄禅師《ほうずいぜんじ》が示寂《じじゃく》されました。その年の四月、正式に總持寺貫首として落ち着いたのです。七十四歳の時です。

この「ぐうたら和尚」の私でも大本山總持寺の貫首になると責任の重さをずっしり感じました。

貫首になって、やりたいことがいくつかありました。

一つは、修行道場としての充実です。

二つ目が、開かれた本山にすることです。

そして三つ目が、「千年の森づくり」でした。

一番目の「修行道場としての充実」では、これまでの伝統を大切に守るだけでなく、改めるべきところは改めるという立場から、たとえば修行僧の健康に配慮して、栄養的な観点から食事内容を改善するよう提案しました。

さらには、私も修行僧も従業員も一堂に会し、食事を共にするようにしました。入浴についても住職専用のお風呂もありましたが、それには入らず、修行僧のための大きなお風呂に入っていろいろ僧たちと雑談を交わして楽しみました。早朝の暁天坐禅は欠かさず行いました。もちろん、これは自分自身のためです。しかしそこには「トップも一修行者たり」の姿勢を示すことで、大本山といえども修行道場であるとの自覚を徹底したいとの願いも含まれていました。

二番目の「開かれた本山」としては、大本堂の地下室を一般の人びとの葬儀が営めるようにしました。また坐禅がもっとポピュラーなものとなり、その意義を広く認識してもらうために外部からの参禅者を積極的に受け入れました。もっと多くの人に来ていただくために参拝しやすい環境を整えようと駐車場の整備も始めたと思います。

私が積極的に推進してきた三つ目の「千年の森づくり」も大本山としての雰囲気を出したかったためです。東京の明治神宮が、なぜあれほど参拝者が多いのかと思い、一人で何回か明治神宮に視察を兼ねてお参りに行きました。あの神宮の「森閑とした森がすべて」と実感しました。

たまたまラジオで横浜国立大学教授で地球環境がご専門の宮脇昭先生の森づくりのことを聞いたのです。さっそく宮脇先生にお出でいただき、私の希望を申し上げました。神奈川県には「鎮守の森」と呼ばれるような古い森が三千二百カ所以上あったそうです。それが都市開発などによって四十カ所に減りました。五十万平方メートルとされる広大な總持寺境内に「森」を育て、人びとの魂が安らぐ自然の聖域をつくりたい――宮脇先生ともご相談しながら、そんな計画を推し進めました。

もちろん私も苗木を一本一本植える植樹をしました。最近、總持寺に参りましたら、その時に植えた苗木が大きく生長して繁茂し、境内が緑いっぱいになっておりました。

大本山總持寺の貫首ともなると自分一人の意思で決められることはごくごく限られます。また、その忙しさも想像を絶していました。

總持寺住職の仕事だけでなく、大本山としての行事やイベントがあり、地方の寺院が営む法要や授戒会、晋山式、さらに各地で催される坐禅会、講演会などで全国を回っていると、それをこなすだけでほとんどの時間をとられてしまいます。

もう一つ、大本山永平寺の貫首と交替で、二年おきに曹洞宗管長（宗門代表）にも就かなければなりません。その頃、永平寺におられたのは宮崎奕保禅師《みやざきえきほぜんじ》でしたが、平成十年から足かけ五年の間に宮崎禅師と交替で二度、管長に就任することになりました。

この大本山の貫首という立場は、ぐうたら和尚にはあまり向いていないことを知りました。一方で、「坐禅修行が中心の道場をつくりたい」との思いが、心の中で大きく膨らんでいくのでした。

高祖・道元禅師七百五十回大遠忌

總持寺の貫首として四年九カ月を過ごしました。許されるかぎり、雲水たちに交じって修行させてもらいましたが、貫首の務めに追われて、どうしても道場から遠ざかることになってしまいます。だんだん今の自分が自分でないような落着かなさ、居心地の悪さが募ってきます。禅の道場の、洗い清められたような素朴さ、質朴さが恋しくてなりません。

猊座《げいざ》の絹の座布団に座りながら、これは自分の座るべきところなのかと考えることが多くなりました。何のために僧になったのか。貫首になったり、猊下《げいか》と呼ばれたりするのが目的だったわけではあるまい。しきりとそんな思いがわいてきました。そうなると居ても立ってもいられなくなりました。

「帰りなん、いざ」

当時の私の気持ちを表すとしたら、陶淵明の詩の一節がいちばんぴったりかもしれません。

曹洞宗管長および總持寺貫首の職を退くことに決めました。しかし座を降りることもままならないのが、大本山の貫首です。そういうところは、きっと大企業のトップなどと同じでしょう。「来年は高祖・道元禅師さまの七百五十回大遠忌法要がある。管長であるあなたには、この五十年ぶりの、宗門あげての一大行事を無事、円成《えんじょう》させる責任がある」と、ある実力者から説得されて、というより叱られて、平成十四年（二〇〇二年）の秋に営まれる大本山永平寺での大遠忌法要を終えてから退任することにしました。

道元禅師の大遠忌は、平成十四年三月一日から十月二十日まで七カ月あまりを奉修期間とする、実に大がかりなイベントです。実際の法要は、道元禅師が開かれた大本山永平寺で行われますが、曹洞宗管長の立場にあった私にとっても大仕事でした。

その中で最も重要な「正当法要《しょうとうほうよう》」が、九月二十九日に営まれました。午前九時半、大梵鐘が打ち出され、人びとが法堂《はっとう》に集まりはじめます。千人以上の人が法堂を埋め尽くし、法堂に入りきれない人たちのためには大講堂や吉祥閣に大型スクリーンが設けられました。数多くの参拝者が静かに見守る中で、法要は厳かに進んでいきます。

私の役目である大遠忌正当献供諷経《けんぐふぎん》の導師を無事務め終わりました。それから

「垂示《すいじ》」といわれるあいさつになります。このあいさつの途中、總持寺貫首退任のことを思い、何度か声を詰まらせました。

その「垂示」を一部引用しておきます。

「本日は道元禅師さま七百五十回忌の正当の日であります。

道元禅師さまは幼くして比叡山に上り、疑問を発して臨済宗の栄西禅師《えいさいぜんじ》を慕い建仁寺に参じ、中国へ渡り、二十八歳で帰って参られました。まもなく宇治に興《こう》聖寺《しょうじ》をお建てになられました。三十歳のころのことです。大勢の人びとが参ってこられたと思います。しかるに、数年を経ずして、この越前の雪深き所に来られ、永平寺を創建されました。何故この山の中に、雪の深い所に入って来られたのでしょうか。同じ越前でも冬でさえ雪の積もらない、越前水仙の咲く越前海岸もあるのに。

切り花はいかに豪勢に集めても、しょせん切り花であり、盛り花であります。時季が来れば枯れてしまいます。一本でも半本でも根のある花を育てたかったのではないでしょうか。道元禅師さまは一箇半箇の人材を打出するために、この雪深い所に入られたのだと思います。このご精神を汲み取り、現在の自分を反省するのが、この大遠忌のテーマである慕古心《もこしん》、『古を慕う』ということの根源ではないかと思っています。

今、われわれ宗門人を省みて、ほんとうに坐禅に打ち込んでいる人が幾人おられるでしょうか。時代は、物質文明が進めば進むほど心を病む人が多くなる。犯罪は日増しに増えております。この時に求められるのが、ほんとうの意味での宗教であり、坐禅であり、また厳しい修行道場であると思っております。〃只管打坐〃が高く叫ばれておりますが、ほんとうに坐り抜く人が何人いるでしょうか。

この道元禅師さまの永平の仏法を、曹洞宗という教団にまで拡大、組織された、その功労者のお一人が大本山總持寺のご開山である瑩山禅師さまです。その瑩山禅師さまは、やはり福井県の、ここから二十数キロの武生という所でお生まれになったと言われております。私はそこに、ある篤信者の協力を得て、今、御誕生寺というお寺を建設しようとしております。私事を申し上げてはなはだ恐縮でございますが、十月十五日をもって私は曹洞宗管長、大本山總持寺貫首としての職を退いて、御誕生寺の建設に余生を注ごうと思っております。私にとっては、伽《が》藍《らん》の大きさや、立派さなどは気にいたしません。よろしくご理解のほどお願い申し上げます」

そこに集まり、法要の次第を見守っていた檀信徒の皆さんは、私のあいさつを耳にされて、さぞや驚かれたのではないでしょうか。

退董

永平寺の大遠忌であいさつした際に触れたように、私の大本山總持寺貫首の退《たい》董式《とうしき》が、平成十四年十月十五日に行われました。正午より始まったその式次第を一つ一つ紹介することは省きましょう。

式の終わりに、壇上に登って多くの修行僧との問答があります。最後の修行僧が喉も破れよと大声で発する問いに、私もこれが最後とばかりに応じます。

「本日これより北陸に向かわんとす。その心境やいかん！」との問いに、

私は即座に、

「叢林を去ってまた叢林に往く。痛快ならざらんや！」と答えました。

それから問答が終わって任期途中で職を退くことを皆さんにお詫《わ》びしました。渡邊玄宗禅師の思い出と、今後の抱負を披露した後、長い間補佐してくださった方がたに謝辞を述べてお別れのあいさつとしました。

その後、侍局で手甲脚絆《てっこうきゃはん》に草鞋《わらじ》ばき、網代笠《あじろがさ》を手にした雲水行脚《うんすいあんぎゃ》の姿になり、見送りの人たちと握手しながら、五年近い日々を送った大本山總持寺を後にしました。

空は雲一つない、さわやかな秋晴れでした。

第五章

理想の道場をつくる

ここからが本番

急ぐな
休むな
夢を追え　興宗

八十二歳の時に書いた色紙《しきし》の言葉です。

いくつになっても夢があります。大本山總持寺の貫首を辞任し、七十五歳で御誕生寺を「終《つい》の住処《すみか》」と決めたのも、その夢を実現するためでした。

世間で「終の住処」と言えば、世の中から引っ込んで、あとは日なたで猫とでも遊んでいるように思われるかもしれません。「終の住処」とは、余生を送る場所のことではありません。「今ガ臨終。今ガ極楽」の生き方からすれば、余生とか老後なんてどこにもありません。「今、ここ」が本番です。私の言う「終の住処」とは、残りの人生を賭けて、最後の夢を実現する場所のことです。「今、ここ」が出発です。

道元禅師は「たき木が燃えて灰になるのでなく、たき木にはたき木のいのちがあり、灰には灰のいのちがある。ただ前後があるだけだ」と申されています。つまり、その時その時の実感が「いのち」そのものである、と言うのです。私の人生を振り返っても、仙台一中、海軍兵学校、入院生活、仙台の輪王寺、大本山總持寺の修行、浜松市の龍泉寺での参禅、福井県の瑞洞院、能登半島の祖院、金沢市の大乗寺、また大本山貫首の経験だって、みなそれぞれの「いのちの実感」であり、それぞれの時間であった——そう考えれば、今、ここから始まるいのちを新しく生きる勇気もわいてきます。「御誕生寺」という新しい道場をつくることに燃ええました。

瑩山禅師ご誕生の地に

旧名武生市、現在の越前市に村国山と呼ばれる小高い山があります。現在の御誕生寺から車で数分の場所ですが、そのふもとに石碑が一つ立っています。刻まれた文字は「瑩山禅師御生誕地顕彰碑」。そのあたりで、瑩山紹瑾禅師がお生まれになったことを告げています。

ちなみに曹洞宗では開祖である道元禅師のことを「高祖」と尊称し、その四世の法孫で宗門の基礎を築いた瑩山禅師を「太祖」と申し上げています。

瑩山禅師がお生まれになったのは一二六八年とも一二六四年ともいわれ、その生誕の年と同様に生誕の地も正確にはわかりません。

御誕生寺というお寺は、昭和初期にはこの武生市の村国という集落にありました。竹藪の中の小さなあばら家で、いわゆる寺院の趣とは異なりますが、寺院名鑑にも名前が載っている正式な寺でした。私が總持寺の住職になった頃には建物もまったくない荒れ地になっていました。

その頃、北陸地方でガス関連の事業を営む「宇野酸素」の社長さんで、宇野熙《ひろし》さんという人がおりました。その宇野さんが、村国山の近くにある日野山の山並みのふもとに高速道路建設で使う土砂を削り取った跡地があるが、それを買い取ってあげるからお寺でも建てなさい、と言ってくださったのです。

検討を重ねた結果、私が住職となり、当時の永平寺・總持寺両本山の監院老師に責任役員になっていただいて、宇野さんを信徒総代として宗教法人の形を整えたうえで、御誕生寺の建立をスタートすることになりました。まさに前途洋洋の船出でした。平成十年（一九九八年）には、大本山總持寺の住職をしながら御誕生寺住持職の兼務辞令も出て、翌年から伽藍建設に取りかかりました。

山肌を削り、広い敷地の造成が進みます。宇野さんの寄付で庫裡も坐禅堂も本堂も兼ねた一棟の建物が建ち、順調な滑り出しに思えました。しかし、これから本格的な伽藍建設にかかろうという平成十四年、宇野さんが急逝されます。

事業の大黒柱であり、二人三脚で建設計画を進めてきた宇野さんの死は、私には大きな衝撃でした。しかし事業は、もはや後戻りできません。

私が總持寺を辞任したのも、宇野さんの遺志を引き継いで、自分の手で計画を本格的に推し進めようというのが理由の一つでした。それが七十五歳の時ですから、なかなか元気だった、とわれながら思います。

しかし建設資金は、たちまち窮地に陥ります。工事の規模も見直し、伽藍の建設計画も大幅に縮小しました。それでもまだまだ足りません。友人、知己、さまざまな縁者にお願いして浄財を集めました。郷里にあった私の名義の土地も手放しました。宇野さんのご遺族からも献金がありました。

何より感動したのは、御誕生寺の建設がピンチに陥っていることを知った、見ず知らずの方がたからの寄進が相次いだことです。中には五百万円、一千万円という高額の寄付もありました。

さらには、どうやって御誕生寺のことを知ったのか、遠い長崎から突然、一千万円の寄付が届きました。またある時は、私と同年配の尼さんが訪ねて来られ、のし袋を置いていかれました。ほかの喜捨と一緒に二、三日して開いてみて仰天しました。一千万円の小切手が入っていたのです。

新潟十日町の庵主さんと聞いていたので、東京に出たおり、新潟回りで帰ることにしてお礼に立ち寄りました。お寺を見てびっくりしました。中越地震のせいで建物が歪《ゆが》んでいます。ご自分の寺はそんなありさまでありながら、御誕生寺のために寄付してくださる心を思うとありがたさで胸が熱くなりました。

このようにして全国各地の皆さまの温かいご支援によってどうにか事業を継続することができました。

平成十四年十月、總持寺貫首を辞任。
平成十九年七月、御誕生寺本堂、坐禅堂起工式。
平成二十年八月、本堂上棟式。
平成二十一年六月、本堂落慶法要。

計画から約十年。大きく遅れたうえに規模も縮小しましたが、宇野さんと二人で始めた御誕生寺再建はこの落慶法要で、一つの区切りを迎えました。

なお、お寺には「開基」というものがあります。「開山」「開祖」が僧侶を指すのに対して、寺院創建時の経済的支援者のことです。御誕生寺の開基は、むろん宇野熙さんです。御誕生寺の毎朝の勤行でお名前をお読みしていますが、ここであらためて、そのご支援に深く感謝申し上げ、ご冥福をお祈りします。

落慶法要は無事に終えましたが、入れ物をつくるのが目的ではありません。そこで修行生活をしていくことこそが、御誕生寺の真の目的です。七月には、専門僧堂としての認可を受けることになりました。

修行僧も十人ほど集まり、朝と夜の坐禅に托鉢の生活が始まりました。

猫の只管（ただ）と人の只管（ただ）

まもなく、御誕生寺は三十人近くの修行僧と、数十匹の猫がいる寺になりました。

修行僧は、朝四時二十分に起床し、就寝は九時。坐禅、勤行、食事、作務、また托鉢に歩きます。そのほか土曜日の午後は毎週、市内十カ所の公衆便所を掃除してまわりました。

一方、猫には坐禅も勤行もありません。のんべんだらりと寝そべって、忙しく動きまわる修行僧を横目で見ています。横目で見て、しかし「がんばれよ」とか「寒いのに大変だね」とか思っているわけではありません。犬ならうれしそうに托鉢についてきたりもするのでしょうが、猫はそんな愛想は絶対せず、ただ寝転んでいるだけです。

ただ寝転んでいる。人間のように「これじゃ駄目だ。起きて潑剌と働こう」とも、「いやあ、寝転んでいるのがいちばん楽ちんだよ」とも考えません。「言語」をもたないのでいろいろ考えるということがないのです。

だから頭の中をカラッポにして、ただ寝転んでいられる。それで春の柔らかな風が吹いてくれれば、気持ちよさそうに目を細めるし、危険が迫れば、サッと身をかわす。その身のこなしの素早いこと。誰かがエサを持って近づいてくれば、のそりと立って寄っていきます。風に鳴る風鈴と同じように、思考や言葉の介入なしに、ただ反応するだけの、実にさわやかな存在です。

したがって、ただ寝転んでいる——言い換えれば、只管（ただ）に寝転んでいる猫は、行住坐臥のすべてが「只管《しかん》」そのものになっていて、もうこれ以上、修行する必要がないのです。

　かたや人間は、言葉を使って、いろいろ考えることを身につけました。そして、現在のような文明社会をつくりました。ところが言葉で、いろいろ考えすぎて精神を病む人や、自殺する人も多くなっています。そればかりか、人間は国家をつくり、国家間の戦争までやるようになりました。

　それではどうすればいいのか。できるだけ考え込むことを少なくすること。からだで実感することに関心をおいて生活することです。その基本を実感するのが坐禅修行であり、読経であり、黙々と作務をすることです。坐禅道場のありがたさが、ここにあります。

　そんな思いも込めて、皆さんにお届けする年賀状にはこんなことを書いたことがあります。

息をしているこの「今」の事実を「いのち」とも「ほとけ」ともいう。

「今」が一番長い刻・とき。今年もよろしくお願いいたします。

平成二十三年　元旦

差出人は「興宗」「敏子」「すずニャン」の三者連名でした。敏子というのは、修行道場である御誕生寺とは別の所に住し、毎夜電話するたびに、「あなたも黙って坐っていれば立派なお坊さんに見えるんだから、ぺらぺら喋っちゃ駄目よ」と忠告してくれるありがたい妻であり、「すず」というのは妻と一緒にいる猫のことです。

道場の門は開けておく

朝四時三十分、暁天坐禅の刻を告げる止静《しじょう》の音に堂内の空気が沈静します。端坐する修行僧の、まっすぐ背筋の伸びた姿が三十。丸く背の曲がった私を入れて三十一の「仏」が、坐禅堂の左右に分かれて端然《たんぜん》と坐っています。

鶴見の總持寺を下りて御誕生寺に来た時、修行僧は仮本堂に泊まり込んで開単準備を進める六人でした。開単後も数年は十人ほどでしたが、それが少しずつ増えて、平成二十三年になって三十人を超えました。

そのほとんどは一般家庭から出家した人たちです。宗門の専門道場ですから住職の資格を得ることも、もちろん可能ですが、それのみを目的に来る人はいません。みんなそれぞれの問題を胸に秘めている人です。修行生活の中で何事かをつかみとろうという人たちです。二十代の頃、總持寺で初めて修行した時の自分も、あんなふうに思いつめていたのだろうと思うような、ひたむきな者もいます。

この本を書くために昔の資料を探していたら、北國新聞の記事（平成六年十月十六日）の中に私に関するこんな文章を発見しました。

〈大本山総持寺の修行時代を知る人は、座禅堂に向かう百メートルの廊下を、足音を立てず、目線すら微動だにせずに進む姿を見て、一種近寄りがたい雰囲気を感じたと振り返る〉

そんなことはもう忘れましたが、あるいはそうだったかもしれません。あの頃、就寝の時間になり、みんな寝入った後も、周りの寝息、いびきを耳にしながら、一人で坐禅していたこともたびたびでした。

御誕生寺には外国からの修行僧がよくやって来ます。そのうちの一人、米国ワシントン出身で四十九歳の修行僧は、「御誕生寺だより」の〝修行僧三十人記念号〟に「いろいろなところで修行したが、御誕生寺にたどりついて、ほんとうによかった」という言葉を寄せてくれました。

お寺の子弟であれば、ひととおりのコースを終えたら、家に戻って寺の住職になれます。しかし一般家庭から発心《ほっしん》して僧になった人は、修行を終えても住職となる寺がありません。それを覚悟しているぶんだけ、仏の道を目指す目的意識も強く、参学の姿勢も違ってきます。

ときどき不登校や引きこもり、アルコール依存症などの問題を抱えて、長期参禅に来る方もいます。その人たちは自分に不安を抱えている人が多いようです。若い頃、私も、ずぼら・ぐうたらという問題をきっかけにお寺に向かいました。

今でもそうですが、私は周りに人目《ひとめ》がなければすぐにだらけてしまいます。それで八十九歳になった現在も、清掃などの作務や托鉢行こそできませんが、坐禅も朝の勤行も、また食事もみんな修行僧と一緒に行っています。一人だったらまちがいなく万年床に寝転んでいるでしょう。「傍目《はため》」「他人の目」、これらの厳しい目が私を育ててくれているのです。

坐禅は、坊さんの専売特許ではありません。言葉は悪いかもしれませんが、すべての人が実行できる「身心すこやか道」（第八章で詳しく触れます）です。大悟とか解脱とは別に、少なくとも坐禅によって心身の余分なストレスが軽減すれば、人生の質が変わってくるはずです。

だからこそ坐禅道場の門は、いつでも開かれていなければなりません。

檀家一軒もなし

修行僧が三十人を超えた時、「やっと猫より多くなりましたね」と言ってくれた人もいました。全国に二十五カ寺ほどある専門僧堂でも、たぶん大所帯のほうでしょう。当然、居室や台所、浴室などの施設も狭くなり、拡張しました。

御誕生寺は、建立の経緯からもわかるように檀家は一軒もありません。したがって、お葬式も法事もありません。それでいて私も含めて三十人前後が食べていけるのが不思議といえば不思議です。

その不思議の正体の一つは、この寺のあり方に共感し、応援してくださる皆さんからの寄付であり、お布施です。それに全国各地から物品を贈り届けてくださる信者さまです。もう一つは団体参拝です。曹洞宗の檀信徒のグループや、会社の社員旅行・研修で御誕生寺に足を向けてくださる方がたが大勢います。これも大変ありがたいことです。修行僧には世間の方がたの期待に応えるように、ますます精進しましょう、といつも言っております。

どうやら過去を振り返る眼《め》も、現在に追いついてしまったようです。とりあえず、「どんなふうに生きてきたか」を振り返る一代記は、ひとまず中断しましょう。

次に、私が考えてきたことを少し述べておきたいと思います。

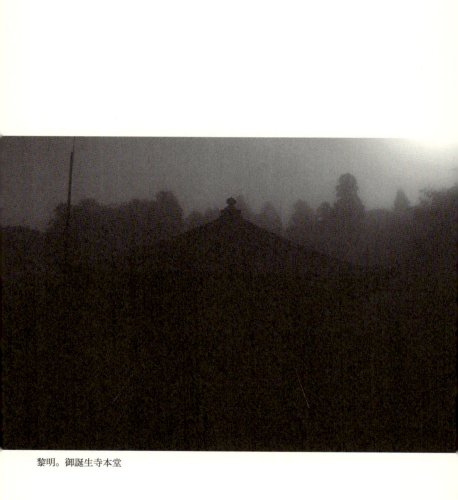

黎明。御誕生寺本堂

坐禅堂に瑞気が満ちる

動ぜざること、山のごとし

本堂での朝課。厳かな空気に包まれる

海外からの修行僧。帰国し母国で禅を広める

読経の声が和する

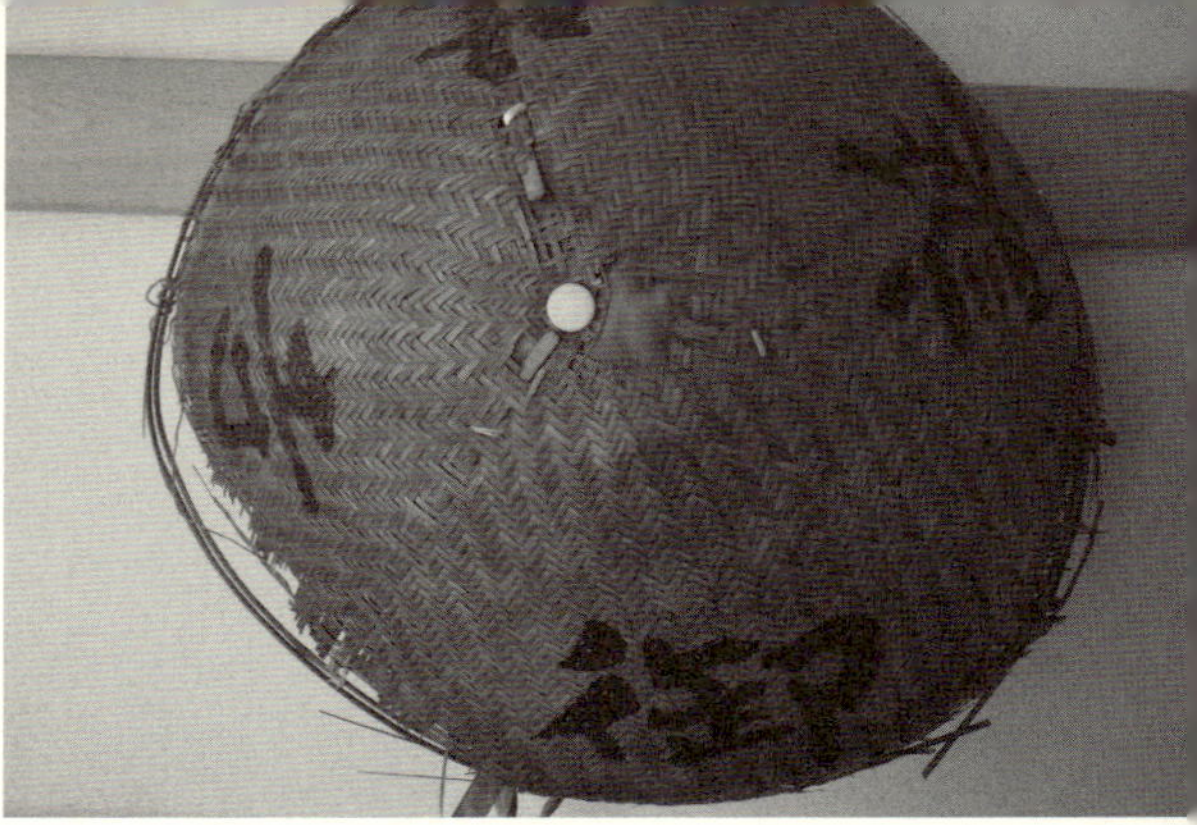

網代笠。修行僧の年輪とともに風格を増す

喜捨をいただき、「御誕生寺だより」を手渡す

秋桜（コスモス）の咲く道を

歩く。歩く。無心に歩く。雑念もわく。「ホー（法）」と大きな声で唱える

冬は、足の皮膚が破れることも

寒行托鉢（寒の入りから節分まで）が終わる頃には、
草鞋の底も抜ける

第六章

渋柿よ、木の上でゆっくり熟せ

仏教が〝信仰宗教〟となる

お寺の須弥壇を見てください。信仰の対象として、仏さまの像が安置されています。浄土系の本尊である「阿弥陀仏」や真言宗の「大日如来」、また禅宗のお寺だって本堂には「釈迦牟尼仏」の本尊さま以外にも明王や七福神、龍神などを祀り、その前で参詣者が手を合わせております。

いや、ここ御誕生寺にもたくさんあるお地蔵さんだって、皆さんがそこで何かをお願いしたり、感謝したりする、信仰の対象なのではないでしょうか。

釈尊の説かれた仏教も、歴史の中で変化してきました。入寂後三百年から四百年ほどして「大乗仏教」が起こると、徐々に神秘性が加わり、信仰的な要素が強くなります。それがインドから中国へ渡り、中国では道教の影響を受けました。わが国に入ってからは日本古来の神道や土着信仰と融合し、神仏習合のような信仰形態が生まれました。

これが一般の人びとに溶け込んだ仏教となりました。お葬式や年忌法事が仏教の主流にもなりました。また、さまざまな菩薩さまに願をかけ、自分の目的を達成させようとする祈禱諷経《きとうふぎん》も盛んになりました。

坐禅に弱い宗門

曹洞宗も臨済宗も関係なしに、「悟り」とはいったい何なのか。また仏道とは何なのか、六十年も修行してきた私が少しでもそこに迫ってみたいと思います。

その足がかりとして、「信じる」ということを考えてみます。

三十数年前、駒澤大学宗学大会における研究発表のために、「生を明らめ死を明らむるは仏家の一大事」(以下「仏家の一大事」)と題する文章をまとめました。そこでも「信ずる」ことに言及しているので、古い論文ですが、そこから引用しつつ話を進めようと思います。そのほうが三十数年の歳月を経て、私が今、どんなところに抜け出たのか、どんな地点に立って「禅」をとらえているのか、それをよりはっきりお伝えできそうな気がします。

「信現成のところは、仏祖現成のところなり」

これは『正法眼蔵』三十七品菩提分法の巻にある道元禅師の言葉です。わかりやすく訳せば、「信じて行えば、わが身そのままの仏である」となるでしょうか。

私が「仏家の一大事」で問題にしたかったのは、そういう「信」に寄りかかり、坐禅すれば、そのまま仏であるという理念に満足していることでした。坐禅に何も求めず、何も期待せずというところに安心を決め込んでいる。それは、曹洞宗の現状にも当てはまるように思えてなりません。(以下、〈 〉内は『〈いのち〉をほほ笑む』春秋社刊より。引用するにあたり漢字にルビを付し、また文章を書き換えたところがあります)。

〈只管打坐を標榜し、正伝の仏法を自負する宗門にあって、皮肉なことに坐禅がすこぶる振るわない。坐禅を求める人々は国内はもちろん、海外からも年々歳々ふえているのに、それに応えて坐禅をしている宗門人は少ない。只管打坐のすばらしい宗旨が誇らしげに説かれているが、現実には坐禅の衰微した宗門になって

いる〉

そのあたりの事情は、今もなお改善したようには見えません。むしろ坐禅の衰微はいっそう進んだように思われます。私自身、大本山貫首や宗門の管長という責任ある立場にありながら、それに対して有効な手を打ってきたのかとの反省もあり、内心忸怩《じくじ》たるものがあります。

〈いろいろ事由はあるだろうが、現代の宗学に致命的な欠陥があって、それが「坐禅に弱い」宗門をつくってしまったと、思わざるを得ない。道元禅師の正伝の仏法は、従来の禅とちがい、悟りも仏も、その他なに一つ求めもしない「無所得　無所悟」の不染汚《ふぜんな》の坐禅であることを、現代宗学は力説強調する。「無所得　無所悟」の坐禅という、たてまえ論の意義づけに終始して、迷い多き現実のわれわれが、何を目標にどう坐禅修行すればよいのか、具体的に明示することのない宗学になっているのではないか〉

〈「無所得　無所悟」ということを、観念的に理解する宗学となり、文字通り無悟で無内容の禅に堕落してしまった。特に、「さとり」を求めて真剣に弁道する者を、臨済流と異端視する風潮にさえなっている。これらは、「修証不二」や「只管打坐」を誤解することから由来するもので、ゆゆしき問題であるというべきであろう〉

修証不二。行ずることがそのまま悟りである。曹洞宗では、それを信じるがゆえにさらに悟りを求める必要はないと言われます。「坐禅しながら悟りを他に求めるならば、修行と証悟とが二元的になってしまう。坐禅のうちに悟りはおのずから含まれているのである」（増永霊鳳著『永平初祖・学道の用心』春秋社刊）。つまり、悟りはもう不要なものであり、見性や大悟を期待することは、坐禅を手段にする「待悟禅」として低く見られます。

ほんとうに「そのままで仏である」と信じるだけでいいのか。「仏家の一大事」の中で、当時五十二歳であった私はこんなふうに書いています。

〈普通一般の宗教といわれるものは、「信ずる」宗教である。ただ、仏教だけは、信ずることさえも脱け落ちた、宇宙の真相のままに生きる「解脱」の道である〉

「信じる」を超えて

ところで、人はなぜ信じるのでしょう。私は「自分が母と呼んでいる女性を生みの母であると信じた」ことは、一度もありません。それは私にとって事実だからです。疑いようのない事実なら信じる必要もありません。わずかでも疑いのある人にとっては、信ずる必要があるのです。

たとえば、一人の青年が、幼くして生き別れになった母と何十年ぶりに再会する。お互いの顔も、もうわかりません。ただ、断片的な記憶から親子であろうと判断されました。二人は再会の場で抱き合って泣き崩れます。「この人はお母さんに違いない」。「これが息子だ。息子に違いない」と信じ合います。

しかし、「信じる」と「疑う」はコインの裏表です。疑いがあるからこそ、信じようとする。自分の母に違いない。息子に違いない。どこかに〝違いない〟という不安定さを含んでいるのが、信じるということでしょう。

仏教で教えていることは、「信じること」より「ああ、このままでよかったのだ」と確認し、生きるうえで疑問がなくなることです。それを「悟り」とか「智慧」と言います。お釈迦さまが菩提樹のもとで明星を見られた時、山川草木がいきいきとして存在しているではないか、とそれまでの疑問が一時《いっとき》に氷解《ひょうかい》したのです。これが、仏教の始まりと言えましょう。

私たちはそれをどう悟り、自分のものとするかです。知的に理解することはいくらでも可能です。実際、仏教の専門家だけでなく、多くの文学者や哲学者が本を書いて、自分なりの解釈を披露しています。

しかし理解や解釈は、どこかに〝違いない〟のベールがかかっているようなものです。わかりやすく言えば、海を知らない科学者が、実験室の中で海水をつくっているようなものです。データどおりに成分を混ぜて、やっとできあがった海水をなめてみた時、何と言うでしょう。「これこそ海水に違いない。そう私は信じたい」。

しかし、本人が海岸に行って海水を一口なめてみたらどうか。「これが海水か！」と叫ぶでしょう。もうここには、〝信じる必要〟はありません。

たとえば、人生とは何ぞや、いかに生きるべきか、などと生きることに疑念があったとします。それが、ある瞬間に「なんだ、これだったのか」と、それまでの疑念が氷解して「ごく、あたりまえ」でよかったのだと気づくのです。それが、道元禅師が中国まで行って悟られた「眼横鼻《がんのうび》直《ちょく》」です。瑩山禅師の「腹が空《す》いたら、ご飯を食べ、眠い時は寝る」平常心なのです。「このままでよかった」と気づくのが「悟り」であり、仏法です。

試みに意根を坐断せよ

道元禅師の『普《ふ》勧坐《かんざ》禅儀《ぜんぎ》』には、「非《ひ》思量《しりょう》、此《こ》れ乃《すなわ》ち坐禅の要術なり」と端的に記されています。臨済宗の公案禅では、坐禅の目指す非思量へ到達するために、理屈では解けない難問を提示し、そこに考えを集中させます。考え尽くしたその果てに、非思量を実感させるのが公案禅、看話禅でしょう。

一方、ひたすら（只管）坐るだけの坐禅は、もっと直接的です。『学道用心集』には、「人、試みに意根を坐断せよ。十が八、九は忽然《こつねん》として見道することを得ん」とあります。「意根」を断てば、悟りは忽然として開ける、というのです。

言葉でいろいろ考える習慣、考えても仕方ないことをグチグチ考えることをしないで、からだで実感することに目を向けて生きることが大切だ、と言われているのです。そうすれば、たとえお釈迦さまがふざけて「それは違うよ」と言われたとしても、「ああ、そうですね」と笑って、お互いに手を握り合って事実を確認し合えるようなものです。

したがって、「意根を坐断せよ」とは、脳の構造でいうと大脳新皮質と大脳辺縁系がつかさどっている二つの大脳の活動を抑えなさい、ということになります。私流に言えば、頭をカラッポにせよ、ということです。

よく「無念無想」と言います。しかし、無念無想になろうと思っても到底なれるものではありません。坐禅を一度でもやったことのある人なら、おわかりでしょう。その理由を東邦大学医学部の脳生理学者である有田《ありた》秀穂《ひでほ》名誉教授と対談した際に教えていただきました。「考えまい」「思うまい」「無念無想であろう」とするのも、やはり大脳皮質のはたらきであり、意（こころ）の作用だからです。

では、どのように「意根」を坐断したらよいのか。

それは「六根」のうち、意根を除いた残りの五根、つまり身体の感覚に気持ちを添わせることであり、私たちの身体が、私たちの意思とはかかわりなく営んでいる生命活動に意識を向けることである。それが、坐禅そのものなのです。

ちょうど、軒下にかけてある風鈴のようになることです。風の吹くままに、チリンチリンと鳴るように、頭の中に執着するものをなくしておくことです。おい！と言われれば「ハイ」と答え、バカ！と言われれば「ゴメンネ」とすぐ答えられるような融通無碍《ゆうずうむげ》の心境になることです。

「非思量」とは、からだが実感して生きることを言います。氷に触れれば、「冷たい」と言うより先に、身体がとっさに感じます。「私が感じた」と言う前に、身体が直に感じている——それが非思量です。

頭で分別する前に、身体が明瞭に知っている。

仏道とは、そういう自己の事実を実感して生きることです。人間的な判断や見解はすべて放下《ほうげ》し、風に吹かれたら、吹かれたままに、からだが実感している。

このように「いのち」を実感していく、それが修行です。

「それでは、本能のままに生きることか」ということとも考えられます。そこが微妙なところですね。「おれは酒が好きなんだ」と言ってガブガブ飲みつつ「これが仏道だ」と酔っぱらうことになります。

酒飲みが酔いしれてどうなるか、自分がよく知っているはずです。「仏道」を屁理屈にして我欲をほしいままにすれば結果はどうなるか明らかです。それだから、人間はほかの動物と違い、理性ある生き方ができる賢明な生きものである、と言えるのだと思います。しかし、よく考えてみると、理性的で賢明とされる人間が、飲み過ぎたり、食べ過ぎたり、必要以上に食べ物を溜《た》め込んだりします。ところが、本能で生きている猫には、そのようなことはありません。まことに微妙な本能を備えているとも言えますね。

非思量の生き方

江戸時代初期の禅僧で臨済宗の至道無難禅師《しどうぶなんぜんじ》は、こんな歌をうたっています。

「主《あるじ》なくて見聞覚知《けんもんかくち》する人を、いきほとけとはこれをいふなり」（ルビ・傍点、筆者）

「私が見た」「私が聞いた」「私が生きている」というように、自分中心に生きるのでなく、からだがわかっている生き方こそほとけである、と言うのです。

鐘と撞木がぶつかり合って、はじめて殷々たるいのちが生まれる。殷々としてあたりに響きわたるいのちは、釣り鐘のものでも、撞木のものでもありません。その鐘の音を「私が聞いている」と言う前に「聞こえている」のです。

そこで、「私」という主語を消したらどうなるでしょう。

私は美しいバラの花を見る、ではなく、美しいバラの花が見える。

私はかわいらしい鳥の声を聞く、ではなく、かわいらしい鳥の声が聞こえてる。

「私」が消え、「自分」が中心でない生き方、これが日本文化の特色です。西洋では「私があなたを愛する」「私が花を見た」というように、自分中心の生き方になります。自然を開発、開拓する。この合理的な考えが科学を発達させ、現在の文明社会をつくりあげてきました。それに対し、日本人は大自然の中に生かされている、もったいない、ありがたいという感謝の念が根底にあります。それが明治時代以降、急激な西洋化で、そうした念が薄れてしまい、現在の日本があると思います。わび、さびとか、幽玄とか、つつましいとか、恥じらいというような精神が失われつつあるように思います。

「いきながら死人となりてなりはてて、おもひのままにするわざぞよき」

これも無難禅師の歌ですが、「いきながら死人となる」は、「主なくて見聞覚知する」と同じことです。「おもひのままにするわざぞよき」も、「いきほとけとはこれをいふなり」とまったく同じ内容を言っているのです。

風の東西南北を問わず、吹かれるままに鳴っている風鈴のあり方です。その時の因縁因果でチリンチリン、カランカランと鳴っています。それが聞こえているのです。私が聞こうと思う前に聞こえているのです。これが道元禅師の言われる「万法に証せられる」ということであり、「いのち」そのものなのです。

良寛さんは、田んぼの中で酒宴を開くお百姓さんたちに誘われれば、大喜びで仲間になります。子どもたちと隠れんぼすれば、子どもたちがみんな家に帰って、あたりが暗くなるまでじっと隠れている。そうかと思うと月の夜は、その美しさに心を動かされて作詩する。その場その場の風に、からだごと吹かれているのが良寛さんです。

頭をカラッポにした無重力の状態、と私は言いたい。しかし良寛さんのとらわれのない無重力の心も、長い修行なくしては自由に顕《あらわ》れなかったでしょう。

無難禅師は、こんなふうに言い表しています。

「たとへは火はものをこがす、水はものをうるほす。火は物をこがすと、其火はしらず、水は物をうるほすと、其水はしらず。ほとけはじひ（慈悲）して、じひをしらず」（傍点・加筆、筆者）

火はものを焦がすけれど自分が何をしているか、そんなことは知らない。水はものを潤《うるお》すけれど、そのことを知らないまま潤していきます。それは火や水の自然現象であり、天然現象です。同様に私たちのいのちも、ものではなく、一つの現象です。触れば熱かった、冷たかった。見えたから見た。聞こえたから聞いた、という事実であり、実感あるのみです。

余分なことは思わず、頭をカラッポにし、今、からだに実感することに関心をおいている。困難な仕事であれば、その困難さと一つになり、つらい病気であれば、そのつらさと一つになる。これを、自分のいのち、と言うのです。

だからこそ、「自己をわするるといふは、万法に証せらるるなり」なのです。今、目に見えているバラの花の色や花びらの形、におってくる甘い香り、握った茎に生えたトゲの痛さ、それらによって私のいのちが実感されるのです。

その、あたりまえの事実を忘れて、私たちは「生きるとはどういうことなのか」とか「人生とは何なのか」などと疑いだすのです。自分勝手に頭の中で、あれこれ考え悩んだりするのは、言葉をおぼえた人間だけです。若い時代の私は、それで長いこと悩み苦しみました。

一生の大事

道元禅師は、正治二年（一二〇〇年）京都に生まれました。家は名門貴族でしたが、三歳にして父を失い、母と死別したのは八歳の時です。十三歳で比叡山に上り、勉学と修行に励みます。経典を学ぶうちに、一つの疑問にぶちあたりました。経典には、私たちは生まれながらに仏であると書いてある。それならなぜ昔の祖師がたは厳しい修行を積んだのか、なぜ仏であるべき自分が今こうして迷っているのか。

若き日の道元禅師は、その疑問を解決するために比叡山の師匠や先輩がたに問うてまわります。しかし納得できる解答は得られません。ついに山を下りて、名のある僧をあちこち訪ねますが、やはり心の底に根ざした疑問を取り除くことはできませんでした。若い頃の道元禅師は「人生とは何ぞや」という根本問題をいつも抱えておられたのです。

ついに道元禅師は、京都建仁寺に栄西禅師を訪ねようとします。中国で禅を学び、臨済宗を日本にもたらした当代一流の人物です。しかし栄西禅師はすでに亡くなっております。そこで道元禅師はついに中国に渡ることを決意しました。

中国に渡った禅師は、天童山の如浄禅師と出会い、修行の結果、「身心脱落」の悟りを得て、ついに「一生参学の大事ここにをはりぬ」と納得されます。

今は、その悟りの経緯は割愛しましょう。ここでお話ししたいのは、日本に戻って京都の南、深草の地に興聖寺を建立した道元禅師が、その開堂の儀式で人びとを前に心情を吐露した法語（『永平元禅師語録』原漢文）の一節です。

「山僧《さんぞう》、叢林《そうりん》を歴《ふ》ること多からず、只是等閑《ただこれなおざり》に天童先師に見《まみ》えて、当下《ただち》に眼横鼻《がんのうび》直《ちょく》なることを認得して、人に瞞《あざむ》かれず、便乃《すなわ》ち空手《くうしゅ》にして郷に還《かえ》る。所以《ゆえ》に一毫《いちごう》も仏法なし」（自分は、参禅学道するために多くの道場を巡り歩いたわけではない。ただ、思いもかけず天童如浄禅師にお目にかかることができた。禅師のもとで、もともと眼は横に、鼻はまっすぐであった、ごくあたりまえの自分に納得した。もはや、人にだまされることはない。だから手には何も携えずに帰ってきた。

これといった仏法など毛すじ一本ほどもない）
実に恐ろしいことが書かれています。
まず、「一生参学の大事ここにをはりぬ」という言葉ですが、これは「もう探る心が消えた」「疑問が解決した」「〝ごくあたりまえに生きる〟ことに納得できた」ということです。

眼横鼻直。仏法は一毫もなし

それでは道元禅師は何をわかったかと言うと、「眼横鼻直」です。眼は横に、鼻は縦についている。中国まで行って、こんなあたりまえの事実がわかった、と言うのです。中国古代の哲人・老子で言えば、無為自然《むいじねん》です。「無為自然」と「あたりまえ」については、第八章でも触れます。

眼は横に、鼻は縦についている。

このことは三歳の幼児でも知っています。けれど私たちは、このあたりまえで、ありのままの事実以外に、ほんとうの生き方があると考えて苦しむのです。

今の自分の生き方のほかに何か「ほんとうの生きる道」があると思い、いろいろ尋《たず》ね苦しむのです。これは、言葉でいろいろ考えることができる人間だけの問題です。言葉や数字を使って現代の文明社会を築きあげた。しかし、人間だけが思い悩んで自殺までするこ とになったのです。猫や犬などすべての動物は自殺することはありません。それで、頭でいろいろ考える〝くせ〟をやめて「非思量」「からだでわかっている」生き方を学ぶのが坐禅修行なのです。

私は、よくこんな譬え話をします。

「海の中にたくさんの魚が泳いでいます。その中に一匹の賢い魚がいました。こんな海の水の中を泳いでいるのはつまらない。もっとホントの水があるだろう。その魚は意を決して陸の上にあがり、パタパタ這《は》い歩き、ホントの水を探してまわります。ああ、ここにホントの水があると飛び込みます。しかし、自分の思っていた水と違う。また、水を求めてパタパタ這いまわり続けます。そのうちに崖っぷちまで来たらザブンザブンと水の音が聞こえる。思いきって飛び込むと、とても居心地がいい。そこは、かつて自分が泳いでいた海だったのです。昔の仲間も以前と同じように泳いでいます。これを悟りとも言うのでしょう」

今、修行僧たちに、こんな話をしても実はあまり役にたちません。私たちは他人から示された結論は、理屈としてよく理解できても、どこか釈然としないものです。道元禅師の悟られた、ありのままの「眼横鼻直」でいいのだと思っても、まだどうにもならない疑念が、真実と自分を隔てる薄いベールのように残ります。

その「違いない」という疑念のベールを取り除く方法として、道元禅師は坐禅を勧めました。すでに万法に証せられていたことに気づかせる坐禅。それが只管打坐です。そのことに気づいた時、「信現成のところは、仏祖現成のところなり」が全身に沁《し》み徹《とお》ってきます。信じることさえもなくなることです。

渋柿よ、ゆっくり熟せ

三十数年前の私は、「仏家の一大事」（一六七ページ参照。以下の引用は『へいのち〉をほほ笑む』』春秋社刊より。引用するにあたり読みにくい漢字にはルビを付しました）にこんなふうに書きました。

〈心意識の運転を停《と》めて、無所得、無所悟の非思量の功夫《くふう》を正直につとめておれば、かならず忽然《こつねん》と身心脱落する。大悟することまちがいないと言う。大悟の時節がないのは、無所得、無所悟に徹し切れてない証拠である〉

〈それで悟は一回かぎりのもので、しかも頓悟である。それほど決定的なものでなければ真の悟ではない。真の身心脱落ではない〉

当時の私は、「見道」も「悟」も体験していません。にもかかわらず、よくこんなことを書いたなあと思います。いつか必ず一閃雷撃《いっせんらいげき》の瞬間があると思い込んでいたのです。「忽然として」「頓悟」「決定的」という言葉の使い方からも、そのことがわかります。

たとえば、撃竹の一瞬、小石が竹に当たる音を耳にして長年の疑問がたちまち氷解する。高僧伝の多くも、そんな覚醒の瞬間を伝えています。

しかしあれから三十年になりますが、私には「悟った」という思いが一つもありません。そういう瞬間はありませんでした。道元禅師が言われる「曠劫未明《こうごうみめい》の事《じ》、たちまちに現前す」（『正法眼蔵』渓声山色の巻）という、その「たちまち」の経験がなかったということです。あれほど望んでいた「悟り」の瞬間を知らないまま、私は今、ここにおります。学生時代、仙台の輪王寺で早朝の雑巾がけをしてハッと気づいたのも小悟と言うべきものでしょうが、一切解決の大悟ではなかったのです。

それでは未だに仏教の何たるかをわかっていないのか、「身心脱落」の境地に至っていないのか、と言うとそうではありません。八十九歳の現在では、仏教や修行すらありません。只今《ただいま》の息づかいに納得し、もったいない、と一人で納得しています。寺の境内を散歩していても、ベッドに横臥して休息していても、坐禅の時の心境と少しも変わりありません。「ごく、あたりまえ」。これが現在の心境です。「平常心これ道」そのものです。歳老《としお》いると、いろいろ考えることがなくなり、今の息づかいに感謝あるのみです。

そういえば、昔、井上義衍老師がこんな話をしてくださったことがあります。

「悟りというのは、青柿を揺すって、揺すって落とすことだ。そうやって無理やり落としたものを熟させる。だから悟後の修行がある。円熟する修行が必要になる。けれど、そんなのばかりが悟りではない。木にぶらさがったまま、そこで自然に熟して、ポタッと落ちるのもある。いつ熟して、いつ落ちたのかもわからない。木の上でいつの間にか熟柿になって落ちている」

そのような内容でした。

どうやら私はそちらだったようです。いつ熟したのか、いつ落ちたのかも知りません。

では、おまえの悟りをひと言で言ってみよと言われたら――「このままでよい」としか言いようがありません。

それでも相変わらずお金も欲しいし、おいしいものも食べたい。人にもよく思われたいし、魅力的な女性がいれば、「どこで生まれたの」などと聞いてしまうのも昔とまったく同じです。

しかし、もうそこに何の疑問もありません。

人並みの願望はあっても、それに惑わされなくなったということでは、解脱したのです。

けれどその解脱が、長年にわたる修行の成果であるかどうか。それさえわかりません。もしかすると歳をとり、老いたおかげで、悩むパワーも歳相応《としそうおう》に弱まっただけなのかもしれません。そうすると老いるというのも、また大変な意味がありますね。

第七章

新・普勧坐禅儀

——頭をカラッポにする——

坐禅の今日的意義

坐禅というのは、やってみたらこんなに良いものはありません。ごく自然に心が安定します。坐るうちに、晴れやかでさわやかな気持ちになります。こんなすばらしいものを、禅寺の内だけにとどめておくべきではないでしょう。世間の人により広く認知され、多くの人に生活の中に取り入れてもらえるように努力することは、私たち現代の禅僧に課せられた使命であると考えます。

そのためには、「坐禅」のイメージを変えるべきです。やれ悟りだ、仏教だ、仏さんだと言っていたら、坊さんの修行という従来のイメージを脱却できません。その抹香臭さを嫌う人もいるはずです。「禅問答」という言葉もあるように、世間では「禅」などは、わけのわからないものの代表のように思われています。

わかりやすく坐禅の意義をアピールする必要があります。特に今の人たちには、科学的なデータに基づいて、客観的に坐禅の効能を明らかにすべきです。科学者が根拠あるデータを基に勧めるのであれば人びとの反応も違います。

そんなことを考えるようになったのは、六十年前、私が僧になった頃に東京大学の平井富雄先生が總持寺で、修行僧を対象に実施した脳波測定がきっかけです。それまで一般の人には縁のなかった修行道場の坐禅に、初めて科学のメスが入りました。その科学のメスが、坐禅の今日的な意義を教えてくれたのです。

脱ストレスと右脳のはたらき

脳波測定で明らかになったことは、坐禅は私たちの脳を安定化させることを科学的に証明したことです。脳が安定していることを示すアルファ波やシータ波が、坐禅中の僧の脳波に観察されました。つまり坐禅を続けているとストレスを受けても、すぐ心身を安定した状態におけるのです。

具体的に説明します。学生時代いろいろグチグチ悩んでいた時、坐禅しているうちに晴れやかな心境になりました。現在、御誕生寺にもさまざまなノイローゼや鬱病《うつびょう》で悩んでいる人が坐禅に来ます。寺の生活を一週間もしていると晴れやかな顔になってしまいます。禅寺の生活は心身とも健全になります。保証します。心の病気や精神疾患にはストレスが何らかのかたちで関与しているのでしょう。毎週日曜日ごとの参禅会に参加した人たちの多くが、坐禅の後の清々しさ、さわやかさを口にされます。

脳の構造やはたらきについては、春山茂雄先生の著書『脳内革命』を読み、大変参考になりました。

私たちの脳は、左脳と右脳の二つに分かれているそうです。日常的な生活で、あれこれ考えたり、損得を考えたり、感情的なはたらきをするのが左脳です。一方、もっと大局に考えたり、人間的で良識的な判断をするのが右脳なのだそうです。坐禅をしているとグチグチ考えることがやみ、気持ちがすっきりするのを体験します。これも右脳のはたらきということでしょう。坐禅のすばらしさが、左脳と右脳の問題として解明されます。

心の三原色

前の章でも登場していただいた東邦大学医学部の有田名誉教授は、坐禅とセロトニンという脳内神経について研究されています。

心とは何であるか。有田先生が「光の三原色」になぞらえて「心の三原色」と呼ぶ三つの神経が特に大きな役割を果たしています。

・赤　ドーパミン神経（喜び）
・青　ノルアドレナリン神経（不安）
・緑　セロトニン神経（癒《いや》し）

対談でお話をうかがった時、「心の三原色」の巧みな譬《たと》えに驚かされました。

ご存知のように赤青緑の三原色は、その配合を変えることにより、すべての色をつくりだします。同様に絶えず移ろってやまない私たちの心模様も、三つの神経のバランスによって変化していくと考えれば、私のような素人でもよくわかります。

　また、光の三原色は一つに合わせると白になります。有田先生はその「白」を、仏教で言うところの「平常心」ではないかとおっしゃいました。ただ現代人の場合、そのバランスが非常に崩れやすいというのです。「ドーパミン神経」は、麻薬にも似た快楽物質ドーパミンを分泌する神経です。ドーパミンはホルモンの一種で、それが分泌されると私たちは喜びや楽しさ、快感を覚えます。それだけなら一時的な作用にすぎませんが、人間はその快楽をまた味わいたいと望みます。もっと強烈に味わいたいと願います。その喜びや楽しさ、快感が、私たちの努力に対する報酬となり、その報酬を得んがために、私たちは未来に対して意欲をもち、やる気を出し、苦しい努力にも耐えるようになる、というのです。

　人類が、より快適で、より便利な生活を追い求めながら、今日のような高度に発達した文明を築いてきたその原動力も、この快楽物質である、と言っていいでしょう。人間は、善くも悪くも「もっと」「もっと」と望むものであり、仏教で言うところの「貪《とん》」、すなわち欲望の正体も、脳科学によればドーパミンということになりそうです。

しかし麻薬中毒と同様、それが過剰になると依存症が起こります。ワーカホリックといわれる仕事中毒、働きすぎ。ゲーム依存症やパチンコ依存症も、みんなドーパミンがつくりだす喜び・楽しさを過剰に追い求める中毒です。むしろ私たちの文明全体が、「もっと」「もっと」と進み続けるドーパミン中毒に冒されているのかもしれません。

一方、「ノルアドレナリン神経」は、喜びとは反対の不安をつくりだします。真っ暗な夜道で後ろから不審な足音がヒタヒタと聞こえてくれば、たいていの人は心臓がドキドキしますが、それはノルアドレナリンというホルモンの仕業《しわざ》です。有田先生によると不安は、もともと危機管理のための感情であり、それがあるおかげで人は危機を察知したり、危険を避けたりすることができます。

けれどこれも過剰になると、いろいろな不都合が起きてきます。神経症やパニック障害、鬱病などの心の病気は、ノルアドレナリンと深い関係があるそうです。最近、パニック障害や鬱病になり精神科の病院へ通っているという話をよく聞きます。それだけ不安に敏感な、耐性のない人が増えているということでしょう。
喜びも不安も、大脳でつくられます。ドーパミン神経が興奮すれば、強い喜びが生まれるし、逆にドーパミン系が鎮静化し、ノルアドレナリン神経が興奮すれば、不安や恐怖感が高まります。このドーパミン神経とノルアドレナリン神経があまり過剰にならないように、抑制的にはたらくのがセロトニンという第三の神経なのだそうです。

有田先生が坐禅に注目するのは、坐禅の腹式呼吸によってセロトニン神経が活性化するという事実です。

坐禅中にアルファ波が出るのもセロトニンのはたらきであるということです。
このように坐禅の意義や良さは科学的にも研究されているのです。

頭をカラッポにする訓練

昔から、「坐禅は安楽の法門なり」と言います。しかし坐禅が安楽の法門になるには、よほど修行を積まなければならないと思っている人が多いようです。また、道元禅師の「非思量これ坐禅の要術なり」にしても、非思量に達するには相当な修練が必要だろうと考える人がいます。しかし「非思量」とは、私流に言えば、頭をカラッポにすることです。これなら、それほど難しくなさそうです。

その頭をカラッポにする方法こそ坐禅です。それが「非思量これ坐禅の要術なり」ということでしょう。いろいろな思考や感情から自由になって、思考や感情が強いるストレスから解放されて、心身を爽快にする安楽の法門です。

頭をカラッポにするために、いちばん大切なのは姿勢と呼吸です。それが坐禅です。

坐禅をする際は、特に腰椎《ようつい》を立てるようにして背筋を伸ばし、腰は曲げないように気をつけることです。そうすると自然に下腹部に重心がかかり、無意識のうちに腹式呼吸になります。有田先生によると腹筋を使った呼吸がセロトニン神経を活性化するのだそうです。

その坐禅は、法則どおり足を組む結跏趺坐《けっかふざ》、あるいは半跏趺坐《はんかふざ》が理想です。正式に足を組むのがつらい人には、私は椅子にかけて背筋を伸ばす椅子禅も勧めています。私も身体が弱った時は、修行僧の了解を得て椅子禅をしております。肉体が衰えると筋肉や血管が弱くなり、一定の姿勢を保つことがつらくなるのです。

椅子の坐禅も結跏趺坐の坐禅も、脳波を測ったらおそらく違いはないはずです。私の実感としてそう思います。ですから椅子禅を略式であるとか、正式なものと比べて劣った方法であるとは考えません。その時どきが自分の「いのちの実感」です。「いのちの実感」に優劣があるはずはありません。

禅的な生活のすすめ

たとえば、学校の授業の始めに、みんなそろって椅子禅をしたらいいと思います。学習に集中できるはずです。一度カラッポになった頭は、習ったことをどんどん吸収していくでしょう。私が依頼されて学校などへ講演に行った時も、みんなに腹式呼吸をしてもらってから、講演に入ります。

「はい。姿勢を正して、背骨をまっすぐにしてください。息を吸い上げて、吸い上げて、頭のてっぺんまで吸い上げて。はい、それを下っ腹に落として、吐いて、吐いて、吐いて、吐いて。では、ごくあたりまえの息をしてください。また足の裏から息を吸い上げて、吸い上げて。フッとおろしなさい。それから吐いて、吐いて、吐いて」。これを三回ほど繰り返すと、先ほどと同じ生徒とは思えないほど静まりかえります。ただの静けさではありません。シンとして、水を打ったように静かになるのです。

宗教的な教育は禁じられているので、「坐禅」という仏教の言葉を使わず、「身心すこやか道」とか「呼吸の時間」でもいいでしょう。小学校や中学校でぜひ取り入れてほしいと思います。それだけでも子どもたちに落ち着きが増し、心にゆとりが生まれて、たぶん学級崩壊やいじめも減るに違いありません。

病院でも、この「頭をカラッポにする方法」を取り入れることで、病気のストレス、入院のストレスが大きく減るはずです。特に心を病んだ人には効果があります。私の若かりし頃、ノイローゼや不眠症が、禅寺に入って数日で治ってしまった話をしました。鬱病など心の病には効果覿面《てきめん》だろうと思います。

そもそも修行道場の生活は、頭の中をカラッポにするようにできています。早寝早起きの規則正しい生活、お経をあげる際のリズミカルな発声、作務で行う草取りや雑巾がけなどの単調な軽作業。いずれもセロトニン神経を活性化します。禅的な生活をすれば、心の病気の八割は治ることを私は断言したいのです。

日本人の自殺者が年間三万人を超える異常な社会の中で、もっと広く坐禅が行われることを望む者です。

ありがとさん、ありがとさん

私の母は九十歳で亡くなりましたが、危篤の報で住職をしていた金沢の大乗寺から駆けつけた私を見るや、母は「ありがと、ありがと、ナンマンダ、ナンマンダ」と称《とな》えはじめました。わが家の宗派は臨済宗であり、生前、母が念仏を称えたのを一度も聞いたことはありません。それが最期の最後になって無意識のまま

「ナンマンダ」を称えるというのは、いったいどういうことなのでしょうか。

ナンマンダ、ナンマンダの単調なリズムがセロトニン神経を活性化し、死を前にした母の不安を癒したのかもしれません。脳科学的にはそういうことになるでしょう。

そういうこともあって、私はナンマンダを心の中で念じていたこともありました。それをある時、人に話したら真宗に宗旨がえしたのかと注意を受けました。それで「ありがとさん、ありがとさん」と日常生活の中で念じています。三拍子で語呂がよく、それだけセロトニンが活性化していると信じているのです。

知足ということ

人類は頭の中で考えだしたものによって、壮大な物質文明を築いてきました。しかし物質文明の世の中は、どこまでいっても「足し算」の社会です。「もっと、もっと」と絶えず望み続け、満足することを知りません。

その結果、私たちの生活は非常に便利で快適になりました。と同時に、人間の欲望は拡大し続け、とどまるところを知りません。今日、世界的な大問題になっている環境破壊や地球温暖化、原発の危機も、また核兵器の脅威も、拡大する欲望がもたらしたものです。

このまま「足し算」を続けていけば、近い将来、私たちの物質文明は必ず破綻し、人類はある意味で衰退に向かうだろうと思います。

もしそれを食い止める方法があるとすれば、人類全体が「足《た》る」ことを知る以外にありません。私たち個人も、また同じです。「少欲知足」という言葉はよく知られています。欲を少なくして、「これでいいんだ」「このあたりで十分だ」と自己暗示をかけることではありません。「贅沢《ぜいたく》を言ってはきりがない。欲望は抑えて我慢しよう。不満や不平は駄目だ」。そんなふうに自分に言い聞かせる「知足」は、まだ道徳の範囲です。

ここで私の言う「足る」「足りている」というのは、ありのままの自分であり、今、ここで息している自分に足りている、という「実感」です。

坐禅とは、今、ここで足りている仏の姿です。もっとわかりやすく言えば、「ごくあたりまえに息している」だけです。

私は修行僧と一緒に坐禅して「足りている自分を」を「実感」している毎日です。それで、私は修行僧を指導し、鍛え上げるという観念はないのです。いわば、修行仲間なのです。修行年数が長いので、若い人たちに忠告したり解説などはいたします。

しかし、「足りている」ことを知るといって、のんべんだらりと、ぐ、い、い、ぐうたらになることではありません。平凡な毎日でありながら、そこに生きがいを「実感」できる生き方こそ大切です。それは、人それぞれの問題で簡単に論じられない、微妙なところと言えましょう。

第八章

良寛さんのように、風そのものになる

お坊さんになりたかったわけではない

八十九年の足跡をたどってきました。ことさら立派な人生でもない、ぐうたら和尚の自己探究の旅も、そろそろ終わりに近づいてきたようです。

今、八十九年の人生を振り返ってみると、自分の行く末を決めた大きな出来事と言えば、それは、「坐禅との出合い」です。生家の宗旨は臨済宗ではありましたが、坐禅とはまったく無縁に育ちました。将来は医者にでもなろうかな、と漠然と考えていたのですから、坐禅に出合わなければ、ぜんぜん違った道を歩んでいたはずなのです。そうした意味で、板橋長興という一人の男の人生を決めたのは、坐禅との出合いでした。今から思えば、それも必然だった、と言えるかもしれません。

太平洋戦争が激しくなり、海軍兵学校に入学し、そこで厳しい生活をして重病にも気づかず、敗戦でわが家に帰ります。それで長い入院生活を終え、お寺で初めて坐禅をしたのです。あの時の爽快感。ざわついた心が、やがて静かに落ち着いてくる。坐禅はいいなあ～と実感しました。

中学生の時代から「人は何のために生きるのか」「生きる意味は何か」と人生の問いに悩んでいました。

私には悩みを解決するための坐禅でした。寺の住職になるために坊さんの道を選んだのではなかったのです。

ただただ、私の目の前には坐禅がありました。そして、ただただ坐っていたかった、というのが、ほんとうのところです。

坐禅の、のどかさ

なぜ、それほどまで坐禅に惹《ひ》きつけられたのか。坐禅には、安心感があったからです。坐禅していると、なんとなく心が落ち着いてくるのです。

漢字一字で表現すれば、「閑《かん》」となりましょうか。閑静の閑、長閑《のどか》の閑です。

静かで、のどかで、落ち着いていることです。

第二章で紹介した東北大学元総長の高橋先生の話に通じるものがあります。

お百姓さんが朝、畑に出かけて一日中仕事を務めて、夕方、家に帰ってくる。自宅の門を閉めるために横木を添《そ》えようとして、ふと門のすきまに目をやると、空にはやさしいお月さんが顔を出していた。それにつられてお百姓さんはニッコリと微笑む。月は満月でしょうか。お百姓さんの身体には一日中働いた心地よい疲労感、そして心には一日の仕事を無事にやりとげた満足感と充足感が満ちあふれています。ひっそりとした静かさの中に、充溢したエネルギーのようなものも感じるではありませんか。

この心地よさを二千五百年昔の中国の哲人・老子は「無為自然」と表現しました。私はこれを「あたりまえ」と言います。朝、起きて鍬を担いで仕事に行くのは、生活のためとはいえ、ごく自然で、あたりまえ。作物によく育ってもらおうと、ひと鍬ひと鍬に真心がこもるのも、あたりまえ。お腹が空いたので弁当を食べて「おいしい」と思わず口に出るのも、あたりまえ。夕方、また鍬を担いで帰宅して「ただいま」と声をかければ「ご飯ができてますよ」と老妻の声が、あたりまえのように返ってくる。無駄なものは一つもなく、欠けたところも一つもない。一刻一刻、自然で、あたりまえの充足した時間が流れていく。無為自然。それが禅そのものです。のどかで、ゆったりとした光景です。「閑」は、私の大好きな漢字で、仏門に入る弟子の法名をつける際には、できるだけ「閑」の一字を入れるようにしています。静かさと安らかさと、そして、のどかさとおおらかさを含んだ文字です。一歩まちがうと「のんびり」、もう一歩後退すると「ぐうたら」になってしまうのですが、万が一、ぐうたらになったならば、「師匠に倣《なら》って〝ぐうたらの道〟を究めてみよ」と励ましてやりたいのですが……。私の言う「ぐうたらの道」とは、「日々これ好日」ということなのです。

身心すこやか道　——坐禅は、修行ではない——

「坐禅」の効用や「無為自然」の世界を、坐禅とは縁もゆかりもない人たちに理解してもらうには、どうすればいいのか。「坐禅」という言葉を用いずに表現することはできないか。それから、「坐禅は厳しい修行」といったイメージが定着しているけれど、それを払拭できないか。最近、これぞと思うものに気づきました。それは――

「身心すこやか道」です。

「坐禅は、身も心もすこやかに、そして、安らかになる道である」。坐禅の良さと核心部分を一般の人たちにもわかるように表現したつもりです。道元禅師の「身心脱落」、また瑩山禅師の「平常心」にも通ずるものです。

坐禅は身も心もすこやかになる道ですから、厳しい修行などではありません。また、坐禅をして得られる心もちは、厳しい厳しい修行を積まなければ体得できないものでもありません。

ですから、どうか皆さん、だまされたと思って一度、坐禅してみてください。両足を組む結跏趺坐でも片足だけの半跏趺坐でも、椅子に座ってでもかまいません。

坐禅って気持ちのいいことなんだな、心もすっきりするな、と実感してもらえるはずです。「坐《ざ》に親《した》しんでもらう」。これが第一です。「坐に親しむ」ことが、坐禅の主眼ですから、御誕生寺では坐禅中に警策《きょうさく》を用いることはほとんどありません。警策とは、坐禅中に気がゆるんだりした修行僧の肩を打つ棒のようなものです。坐禅中たとえ居眠りをしている僧に対しても警策は用いません。起こすなら後ろからソッと背中を押してやればいい、と修行僧に言っております。

ところがこの前、朝の坐禅中にバシッと警策を使う音がしました。後で事情を聞くと、何度も起こしたのだが、また居眠りを始めるので仕方なく警策を使ったとのことでした。「そうか、そうか」と理由を聞きながらも、私はついこう言いたくなるのです。「そうであっても、いいから寝せておけ」。なぜならば、「寝ながらでも坐禅をしている尊い人だからです」。冗談で言っているのではありません。居眠りをしようと坐禅堂に来る人はいないからです。こうも言えるでしょうか。「居眠りをしながらでも坐禅をしているのは、すこやかな証拠である。不敵で大胆。これぞ、わが弟子である」。私は警策で叩くことも、大きな声で叱ることも、「坐禅をしっかりやれ」とも、一回も言ったことはありません。「甘い」「不謹慎」と笑われそうですね。これも、ぐうたら和尚の老衰のせいでしょうか。

ただし、御誕生寺では、私が住職に就いて以来、十三年間、一年三百六十五日、一日たりとも坐禅を欠かしたことはありません。朝と晩、それぞれ二炷《ちゅう》（一炷は、線香が燃え尽きるまでの時間で約四十分。一炷と一炷の間には十分間の休憩が入ります）行ってきました。

ところが、前述したように、私は身体の調子が悪い時は椅子にかけて坐禅をしました。しかも一回四十分の坐禅の長さを二十五分にさせてもらいました。それまでの二回の坐禅を三回の坐禅にして、坐禅の合計の時間を同じにしたのです。これも老僧の苦しまぎれの知恵と言うべきでしょうか。

曹洞宗では四と九のつく日（四九日《しくにち》。月に六日）には坐禅を行わないのですが、御誕生寺ではこの日もみんなで坐っています。私が坐禅に出合って七十年、坐禅の虫はまだまだ健在です。さらに、一匹だった坐禅の虫は、いまや坐禅の虫たちとなって増殖中です。

夜の坐禅については最近、視聴覚学習の時間として映写会を行うこともあります。庫裡《くり》の壁際にかけたスクリーンに「宇宙の成り立ちと人類の誕生」や「老子」「孔子」の教えなどのビデオを映し出して、修行僧と一緒に勉強しています。もちろん仏教に関するものもあります。少しでも広い視野をもった〝坐禅の虫〟になるためです。

坐禅のすばらしさを伝えたい

私が憧れてやまない良寛さんの話をしたい、と思います。

「身心すこやか道」に開眼して以来、少しは良寛さんに近づいたかな、とうれしくなることもあります。しかし、良寛さんの書を見ると、まだまだかなわないと思わずにはいられません。良寛さんの字には、上手下手では評価できない味わいがあります。良寛さんのような字を書きたくて努力もしました。右手で書くと「まねよう」「うまく書こう」という意識がはたらくので、左手に筆を持ちかえて練習したこともあります。作為の上にさらに作為を重ねた愚かなことでした。

こんな私を良寛さんはどう見ていることでしょうか。ニコニコしながら、こんなことをおっしゃってくださるような気がします。「興宗さん、興宗さん。そんなにまで私の字を気に入ってくれてありがとう。でも興宗さん、興宗さんには興宗さんならではの字があるはずですよ。あなたはあなた。私は私。あなたは私にはなれませんし、私もあなたにはなれないのです。ですから興宗さん、どうか、あなただけの道を歩んでください」。

世の名誉や地位、肩書き、権勢、損得などにとらわれることなく、さらに人から慕われようが慕われまいが、そういう傍目を気にすることなく、粗末な草庵でたった一人で暮らしていた。お弟子の一人もとらず、良寛さんは寂しくはなかったのでしょうか。私は五合庵の旧跡に何度も足を運びましたが、そのあまりにも寂寞《せきばく》たるたたずまいを目にするたびに「私には、とうてい耐えられない」と思ってしまうのです。

世俗の価値観、世間の体裁や体面などから完全に脱けきった人、良寛さんは底抜けの人でした。自分が生きた痕跡や証《あかし》など、これっぽっちも残そうとは思いませんでした。ただただ風のように生きた人、まさに「無為自然」の人でした。だから、一挙手一投足、やることなすことすべてが、自然でさわやかなのでしょう。だ良寛さんを心から敬慕する、この私はどうかと言えば、まだまだ「無為自然」とか「身心すこやか道」などと嘯《うそぶ》いて、そこにあぐらをかいているのかもしれません。

でも、もうしばらく、あぐらをかかせてください。「無為自然」を世間に広め、「身心すこやか道」を人の心に浸透させて、坐禅の良さを少しでもお伝えし、一人でも多くのお弟子さんを世に送り出したいからです。それさえ済めば、私の役目も終わりでしょうから、妻と猫たちと閑《しず》かに暮らしたいものです。

ぐうたら和尚の心配事

北陸の田舎町の檀家もないお寺で、修行僧や猫たちと、のんびり暮らしながら世相を眺めていると、いろいろなことを考えさせられます。「このままだと日本はどうなってしまうのだろう」などと、ぐうたら和尚なりに日本の行く末を心配しています。

ぐうたら和尚、心配のその一。それは、心を病む人の増加です。今後どんどん増えていくのではないでしょうか。日本は豊かになり、恵まれた世の中になったにもかかわらず、なぜ心を病まねばならないのでしょうか。絶望して自ら命を絶ってしまう人が後を絶ちません。それから、ねたみや嫉妬、異常なまでの執念深さで人を殺す事件が毎日のように報じられています。さらには、心の不安を解消するために薬物に手をつけてしまうケースも日常化しているようです。豊かな社会なのに満たされない。恵まれた社会なのに安らぎがない。物社会の脆弱《ぜいじゃく》さが生みだす文明病かもしれません。大自然の中に生かされている生きものである人間が、物質文明の中で「人造人間」になりつつあるのではないか、と思われてなりません。

心配のその二。老後の生き方も気にかかります。医学の進歩で寿命はますます延びて、元気な高齢者が増えていくでしょう。「人生百年」の時代はもう間近です。老後をどう過ごすか。大きな問題です。定年後に、物があふれた都市の生活から抜け出して田舎で簡素な生活を始める人やお百姓さんになって農業を始める人、陶芸や絵画、書や俳句などの趣味を生きがいにしている人、お花を育てて楽しく暮らしている人なども出てきました。土をいじって、絵を描く。こうした生き方が、人間本来の姿であるように思えてなりません。若い人も「今現在、働いているのも、生きがいのある老後を過ごすための準備期間」と思うぐらいで、よいのかもしれません。

お寺の役割も変えるべきです。高齢者のための教養講座やご婦人がた向けの趣味の教室、若者が集うコンサートなどのために本堂を開放するお寺にしたいものです。寺には駐車場もあるので多くの人に来てもらえます。坐禅や精進料理なども取り入れて、寺ならではの催し事を盛んにしたらよいと思います。

お葬式や法事も葬祭場で行う世の中です。「抹香臭い」というイメージをなくして、もっと明るい教養の場にすべきでしょう。

もう少し心配事を列挙してみます。

原発問題。これまでの経済成長優先路線でいいのか。もっと素朴な生き方に方向を転換すべきでないのか。国民はその選択を迫られています。

ぎくしゃくしている韓国や中国との関係はどうなるのか。国と国との関係を超えて民間でどんどん交流して仲良くなっていきたいものです。

脱クルマ社会。燃料はいずれ無くなる時があるのではないか。自転車を活用した質素な生活が見直されるべきです。

最後に、ぐうたら和尚の秘めたる疑問を吐露したいと思います。私が小学校の頃は冬になると川や池が凍り、そこで遊んだものです。今は凍りません。年年歳歳、暖冬です。私たちには過ごしやすい冬になり喜んでおります。ところが、地球全体が限りなく暖冬となったらどうなるのでしょうか。また、この地球自体が何千年、何億年たつと、どんな変化をするのでしょうか。私はこれを「大無常観」と言って一人で思い悩んでおります。「大無常観」を思えば思うほど、現在の一刻一刻のわが「いのち」の大切さ、ありがたさに頭が下がる思いです。

からだで実感している生き方

人間だけが、ほかの動物と違い、「言葉」でいろいろ考えることをおぼえました。それで現代の文明社会を築き上げてきました。しかしその反面、精神を病んだ人や自殺者も増えております。「言葉」で考えることを少なくして、もっと「からだで実感している」生活に視点をおくべきです。

　そのためには心の中で、いつも唱えごとをしているのがいいでしょう。心の中で唱える題目を参考までに列挙してみます。

◆今、この実感
◆なんまいだー
◆サンキュウ
◆なーむ

◆むしん・むしん・だいむしん
◆ありがとさん
◆もったいない
◆ワン・ツー・スリー
◆イチ・ニ・サーン
◆なんみょうほうれんげきょう

もちろん、これ以外でも自分の好みの題目の一つか二つを常に心の中で唱えても構いません。唱える題目は、宗教とまったく関係ないものでもいいのです。

好みの題目を一人で念じていると、自然に精神が安定します。まちがいありません。

言葉で、いろいろ考えるくせから離れて、「か﹅ら﹅だ﹅で﹅実﹅感﹅し﹅て﹅生﹅き﹅る﹅」ことが最高の生き方です。

これを仏道、と言うべきです。

板橋興宗和尚、数えで八十九歳、自己探究の旅は、これからも続きそうです。

レオさま、托鉢ですか？

通称「ぬこでら」には、
猫のほかに、
なにやら雲水という生き物がいるらしい……。
そして、ときどき、托鉢とやらに行く！
「レオも行く？」
オッ、行ってこい！
…………
僕は行かない。

ありがとうございました。
本日の御誕生寺でした。

（二〇一四年七月十四日）

チョコ、里親さんのもとへ

●チョコです！

こんにちは、「チョコ」です。二カ月ほど前に御誕生寺の境内で保護されました。右後ろ脚……負傷してました。左耳も少し……欠けてます……。泣いているのではないのです。目やにが……。でも、だいじょうぶ！　普通に後ろ脚を使えるようになりました。どうぞ、よろしゅう！

（二〇一四年六月十二日）

●チョコ、手術を受ける

先日も紹介させていただきました黒猫チョコ。

交通事故に遭って動けなくなっていたところを保護されて御誕生寺に来たのですが、治りが悪くて、先日、動物病院に行ってきました。

後ろ脚の肉球を欠損しており、このままだと傷が塞がらない状態が続くそうです。今後のことを考え、切断手術を受けました。

本日、退院してきましたが、うずくまったままで元気がありません。

痛みがあるのか、心理的ショックがあるのかわかりませんが、いつも明るく元気な表情が見られないのが気がかりです。しばらくの間は、外出も無理のようです。

元気を取りもどせるよう、温かく見守ってください。


（二〇一四年九月二十日）

●チョコの経過

先日、後ろ脚の切断手術をした黒猫のチョコですが、経過良好で、外を出歩いています。

白黒ブチ猫の「さぶちゃん」と仲良しで、山門の脇でゴロゴロしていることが多いようです。

たまに、後ろ脚がないことを忘れているみたいで、失ったはずの後ろ脚で耳をかくしぐさをするので、代わりにかいてあげると転げ回って喜びます。

（二〇一四年十月十六日）

●冬支度です

急に寒くなりましたね。御誕生寺の猫たちも冬支度です。チョコは元気いっぱいで走り回っています。右の後ろ脚がなくとも木に登ります。意外と本人は後ろ脚がないことに気づいてないのかも……。すばらしい！

（二〇一四年十月二十日）

●チョコ、何してるかなー

チョコ、めでたく里親さん見つかりました。今頃、飼い主さんに甘えているかなー。よかったねー。チョコはみんなに愛されました。たくさんの人がチョコを心配してくださいました。

ありがとうございました。
そして、チョコを一番に選んでくださった里親さん、よろしくお願いします。
これからは、
ない方の脚でかけないところをかいてくれるそうです。
よかったねー、チョコ。

（二〇一四年十二月十四日）

ガブのおはなし

●その一
今年の二月か三月、明け方に電話あり。

「御誕生寺の前の道路に動けなくなっている猫がいます」。すぐに保護しました。

明るくなって確かめてみると、お寺の猫ではない。そして、まったく動けない。

首を持って持ち上げてみると、後ろ脚が不自然に曲がっている。

「うーん、病院行きー!」

診断の結果、命に別状なし。しかし、後ろ脚は複雑骨折。手術をしてボルトを入れる。入院十日ほど。その間、この猫に関する情報はなし。

御誕生寺にもどってからは、暖かい寺務所で特別扱いです。

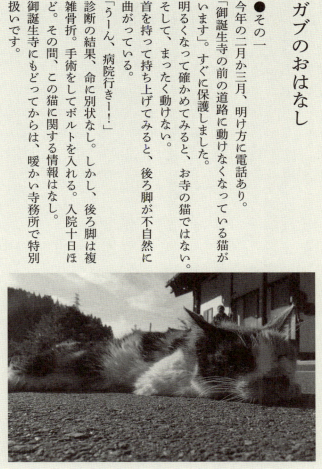

名前は、ガブリエル（通称ガブ）。

動物病院の先生は「お寺なのにガブリエル？　ガブリエルって大天使だよね」。

そして、半月ほどして、もう大丈夫だろうと外に出しました。

その日は、いたんです。

次の朝も、いるはずでした……んっ、いない？　いないのです。

●その二
今年の九月頃かな。

朝ご飯の時間、また今日も見慣れない猫発見！

ミケちゃんねー、だいぶやせてるなー。

なんだか、じっとこちらを見てるねー。

「んっ、ガブ？　えっ、ガブ？」

トコトコ近づいてきて足下で私を見上げました。

「あっガブリエル、なんで？　どうしたの、こっちおいで……」

ついてきます。ガブ、ちゃんと覚えていたのです。

思いもよらないことです。何がどうしたかはわかりません。

でも、今ここにガブがいるのです。そして、修行僧たちの後をついて歩いています。
〝大天使ガブリエルのおはなし〟。
おわり。

猫たちとの出会いは、いつも突然です。すべては、突然なのでしょうけれど……。
ガブは元気で食欲もありますが、今ちょっと病気です。
静かに見守っていきたいと思います。

（二〇一四年十一月二十一日）

今日のオオタくん

明け方、
やけに寒いな〜と思って外を見たら
こんな感じでした。
またまた雪かきが必要ですね。
当然のごとく、
オオタくんが寺務所の外で大騒ぎ。
最近は、
自力でサッシをこじ開けようとします。

それから、昨日、ヘアピンの里親さんが
見つかりました。
ずいぶん前からヘアピンをかわいがってくださっていた方なので、とても安心です。
今頃は、暖かいお部屋で寝ているんだろうなぁ。

（二〇一四年十二月二十二日）

さあ、みんなご飯だよー

わらわらと、集まってまいりました。
えーと、グレー、ニャーさん、グレコ、エル、あんこ、ミラルかな？
クイニー、うしろは福ちゃん、サブちゃん……あー、もうわからん！
あ、とりあえず、レオにたらこ……。

本日も穏やかな一日でした。

（二〇一四年十一月十九日）

◆ブログ御誕生寺「ぬこでら」より

●猫を飼っているみなさまへ
最後まで責任をもって、
かわいがってください。

音楽に魅せられて　――あとがきにかえて――

これまで私の一生を、とりとめもなく書きつらねてきました。ここで最後に、私の近況を告白して終わりといたします。

老年になるにつれて睡眠の時間が短くなり、八十九歳にもなると、寝床にもぐっても、眠れない時間が多くなりました。眠っても二時間か、三時間で目覚めてしまいます。これも老人の生理現象なのでしょうか。

たまたま昨秋十一月に不思議なご縁で、御誕生寺の本堂で音楽会が二度も開かれました。その一つでは、インドの小さな弦楽器と木製の笛での合奏曲を聞かせてもらいました。もう一つは、クリスタルボールという特殊なガラス製の壺のような楽器を、大小十個ほど並べて、それを巧妙に打ちながら曲を奏《かな》でるもので、その幽玄な「ひびき」に魅了されました。

その演奏会以後、いろいろなCD盤を求めて、夜、寝床に入ってからも深遠で幽邃《ゆうすい》な音楽に陶酔《とうすい》しつつ眠りに入ることをおぼえたのです。

もちろん昼間、仕事をしている時や、夜、依頼された「書」の揮毫《きごう》などをしている時は、従来どおり勇壮な軍歌や、お能の笛や太鼓の「囃子《はやし》」を聞きながら、元気をもらって作業をすすめています。

このように音楽に興味をもつと、今までの朝夕の寺の本堂での読経も一種の音楽のように思えてきました。大小の鐘や木魚に合わせて、経文の意味を考えることもなく読経《どきょう》するのも、すばらしい音楽だなあ、と新たな思いを込めて精進するようになりました。また朝晩、坐禅している時も、呼吸に合わせて「無声の妙音」を、からだ全体で奏でている思いになりました。

若い頃、人生なんのために生きるのか、と混迷して四苦八苦していた人間も、この歳になって、何もかも忘れて、いろいろな音楽に陶酔しつつ生きているようになりました。音楽好きになったとはいえ、歌ひとつうたえません。楽器も奏でられません。ですから、世に言う「高尚な音楽好き」とは違い、ただただ音楽に魅了された「音きち興宗」と自認しております。

最後の最後に、もう一つ告白しておきたいことがあります。

禅門の僧は、此《こ》の世を去る時、遺偈《ゆいげ》という末期《まつご》の心境を漢詩に残して逝去《せいきょ》するしきたりになっております。

私は、次の一句を残して、去りたいと思っております。また、この本の最後といたします。

吾《われ》に残すべき辞世の句もなし
　平常心で逝《ゆ》くのみなり
　　雲海興宗八十九

平成二十七年五月二十日
福井県越前市　御誕生寺にて
板橋興宗　合掌

板橋興宗（いたばし・こうしゅう）

昭和 2 年（1927 年）、宮城県多賀城村（現・多賀城市）の農家の長男として生まれる。海軍兵学校 76 期生。東北大学文学部宗教学科を卒業した昭和 28 年（1953 年）に曹洞宗大本山總持寺貫首・渡邊玄宗（わたなべ・げんしゅう）禅師を師として出家。井上義衍（いのうえ・ぎえん）老師に参禅し、研鑽を積む。福井県武生市（現・越前市）の瑞洞院、石川県金沢市の大乗寺などの住職を経て、平成 10 年（1998 年）、大本山總持寺貫首に就任。4 年 9 カ月の在任中、曹洞宗管長を二度、務める。平成 14 年（2002 年）、總持寺貫首、曹洞宗管長を辞し、御誕生寺（越前市）の再建に専念する。現在、御誕生寺住職。著書は『良寛さんと道元禅師―生きる極意―』『興宗和尚の人生問答』『猫のように生きる』『足の裏で歩む』など多数。

御誕生寺（ごたんじょうじ）

曹洞宗太祖・瑩山紹瑾（けいざんじょうきん）禅師（1268 年～ 1325 年）の生誕地・福井県越前市に 10 年ほどの歳月をかけ再建された。本堂の落慶は平成 21 年（2009 年）6 月。同年、曹洞宗の僧侶を育成する専門僧堂として認可を受ける。修行僧は現在 30 人ほど。「ねこ寺」としても知られ、猫好きな人の参拝も絶えない。猫の数は現在 50 匹ほど。境内に捨てられた猫を住職の板橋興宗和尚が保護したことが始まりとも。里親に引き取られる猫たちも多く、人と猫とが織りなす心やさしい物語は、ブログ御誕生寺「ぬこでら」でどうぞ。参拝しただけで身も心も安らぐ禅寺である。

【カバー題字】
板橋興宗

【編集協力・写真提供】
御誕生寺
ブログ御誕生寺「ぬこでら」
五十嵐以和男

【写真撮影】
佼成出版社

あたりまえでいい　――ぐうたら和尚の〝日々これ好日〟――

2015年8月15日　初版第1刷発行

著　者　板橋興宗
発行者　水野博文
発行所　株式会社佼成出版社
〒166-8535　東京都杉並区和田2-7-1
電話（03）5385-2317（編集）
（03）5385-2323（販売）
URL　http://www.kosei-shuppan.co.jp/

印刷所　小宮山印刷株式会社
製本所　株式会社若林製本工場

ISBN978-4-333-02710-1 C0015